“十四五”全国统计规划教材
国家统计局统计继续教育系列培训教材

人口就业统计实务

国家统计局统计继续教育系列培训教材编委会 编

中国统计出版社
China Statistics Press

图书在版编目(CIP)数据

人口就业统计实务 / 国家统计局统计继续教育系列培训教材编委会编. —— 北京 :中国统计出版社，2024. 12. ——(国家统计局统计继续教育系列培训教材).
ISBN 978－7－5230－0622－1

Ⅰ. C924.25;D669.2

中国国家版本馆 CIP 数据核字第 2025XP2853 号

人口就业统计实务

作　　者/国家统计局统计继续教育系列培训教材编委会
责任编辑/宋怡璇
封面设计/黄　晨
出版发行/中国统计出版社有限公司
通信地址/北京市丰台区西三环南路甲 6 号　邮政编码/100073
发行电话/邮购(010)63376909　书店(010)68783171
网　　址/http://www.zgtjcbs.com/
印　　刷/河北鑫兆源印刷有限公司
开　　本/710mm×1000mm　1/16
字　　数/128 千字
印　　张/10.5
版　　别/2024 年 12 月第 1 版
版　　次/2024 年 12 月第 1 次印刷
定　　价/39.00 元

国家统计局统计继续教育系列培训教材

编委会名单

本书编写组

主　　编：王萍萍

副 主 编：李希如　孟灿文　崔红艳　李　睿　吴　珊

编写人员：丁成栋　王岚岚　孔里波　权少伟　李桂芝
　　　　　李　姝　刘　慧　陈潇潇　郭　徽　张　楠
　　　　　韩京利

出版说明

统计工作是经济社会发展的重要综合性基础性工作，强化统计基层基础建设，是推动统计现代化改革和高质量发展的一项重要工作，统计继续教育培训是提高基层统计工作人员的业务素质和能力的重要途径，适应统计改革发展新形势新要求，编写统一、规范的统计继续教育系列培训教材尤为必要。

为深入贯彻党的二十大关于“统筹职业教育、高等教育、继续教育协同创新，加强教材建设和管理”的精神，进一步落实《“十四五”时期统计现代化改革规划》关于“编写实用的统计干部培训教材，提高教育培训的针对性、实效性”工作部署，统计继续教育系列培训教材编委会组织编写了《国家统计局统计继续教育系列培训教材》。本系列教材列入“十四五”全国统计规划教材，按专业设置 20 个分册，涵盖统计在岗从业者应知应会内容，力求贴近统计工作实际，反映工作中遇到的问题并予以解答。在写法上力求创新，具有针对性、适应性、工具性，以案例分析为导向，内容力求简明扼要，通俗易懂，契合统计从业者提高工作能力、完善统计知识结构的现实需求。望此书能为广大统计工作者进一步提升统计工作能力和水平，助力统计现代化改革和高质量发展提供帮助。

本系列教材在编写过程中，得到了国家统计局各单位的大力支持，在此表示诚挚的谢意。

统计继续教育系列培训教材编委会

2024 年 1 月

前　言

人口就业统计是国家统计调查的重要组成部分，1950 年新中国成立之初就开始了劳动工资统计，1953 年我国开展了第一次全国人口普查，1994 年以来伴随着社会主义市场经济体制的建立和发展，劳动力调查制度历经探索建立到改进完善。为指导各级统计机构更好地组织实施人口统计、劳动力调查和劳动工资统计，国家统计局人口和就业统计司，根据人口普查、年度人口变动调查、劳动力调查和劳动工资统计调查制度及专业资料，将有关内容精心整理、汇编成册，形成《人口就业统计实务》，以满足广大统计工作者学习掌握人口就业统计知识，提升工作能力和水平的需要。

《人口就业统计实务》旨在介绍人口就业统计相关基础性、操作性、实用性内容。本书分为十二个章节：第一至五章概述人口统计的目的作用和历史沿革，介绍人口统计的主要内容、组织实施、常用分析指标、数据发布和应用；第六至十章概述劳动力调查的目的作用和历史沿革，介绍劳动力调查主要内容、组织实施，就业统计主要分析指标、主要数据产品；第

十一、十二章概述劳动工资统计历史沿革，调查内容和方法，介绍从业人员和工资相关指标，工资总额统计相关文件，劳动工资统计数据产品及应用。希望本书能够为统计工作人员掌握人口就业统计专业基础知识、工作方法、具体操作提供有益帮助。

本书编写组

目　录

第一章　人口统计概述

人口统计是人类社会出现最早的统计，是适应社会发展和国家管理的需要而产生和发展起来的，是社会经济统计的重要组成部分。人口数据是一个国家最基础的统计数据，对于了解国情国力，制订人口发展规划和经济社会发展计划，具有十分重要的意义。

第一节　人口统计目的和作用

一、人口统计概念与内容

人口统计是指搜集、整理、分析有关人口现象数量，反映人口自然属性和社会属性状况及其变化的全过程。人口的自然属性表现为人口的出生、成长、衰老、死亡的生命过程；人口的社会属性表现为人口作为社会生活主体所具有的特征，如人们在为生存和发展而进行的物质生产过程中形成的生产关系，在社会生活的其他领域形成的政治关系、文化关系、民族关系、家庭关系等。

人口统计调查的内容主要包括人口的自然属性和基本社会属性，如姓名、性别、年龄、民族、受教育程度、工作情况、迁移流动、婚姻生育、死亡和住房情况等。

二、人口统计数据的作用

人口统计数据是反映一国国情、国力的重要数据。它为国家在生产、消费、文化教育、医疗卫生、公共福利、社会保险以及劳动力就业和失业等重大问题进行决策和制定计划时，提供必要的依据；也是一些国家确定立法机关的代表人数，计算合格的参加选举人数，设置政府编制人数和机构，分配财政经费等具体工作的重要依据。人口统计数据也是人口学、社会学、经济学、地理学等学术研究不可缺少的数据；是进行未来人口、家庭数量预测，编制生命表等多项工作的重要依据。进行人口统计调查，向各种统计用户提供人口统计资料，开展人口统计监督、统计分析和预测，具有重要意义。

第二节　人口统计历史沿革

一、改革开放前的人口普查

新中国成立后，为进行社会主义建设，国家需要准确的人口资料，于 1953 年开展了第一次全国人口普查，为准备全国人民代表大会及地方各级人民代表大会选举，做好选民登记工作，并为国家的经济、文化建设，提供了确实的人口数字。1953 年 7 月 1 日零时为普查登记的标准时间，采用调查登记常住人口的办法。普查内容共六项，即姓名、与户主关系、性别、年龄、民族及本户住址。这次人口普查使用手工汇总方式，采取县、省、中央三级汇总方法。1954 年 11 月由国家统计局发布了全国人口调查登记结果公报，调查登记的结果表明，在 1953 年 7 月 1 日零时，全国总人口为 59434.7 万人。

为"编制国民经济建设第三个五年计划和长远规划"提供数据，中共中央和国务院决定在 1964 年进行第二次人口普查。1964 年 7 月 1 日零时为普查登记的标准时间，仍采用调查登记常住人口的办法。普查内容共九项，除保留 1953 年 6 个项目外（姓名、与户主关系、性别、年龄、民族、本户住址），新增了本人成份、文化程度、职业三个项目。同时要求对 1964 年上半年出生、死亡、迁入、迁出四个项目进行登记。这次普查采取了手工分级汇总、层层审核的办法，1964 年 9 月，中央人口普查办公室公布了全国人口普查结果：截至 1964 年 6 月 30 日，全国总人口为 69794.3 万人；出生率为 19.7‰，死亡率为 7‰。

二、以普查为基础，调查为主体的阶段

改革开放后，为了准确地查清我国人口数字，查清我国人口的地区分布和社会经济构成情况，为有计划地进行社会主义现代化建设，统筹安排人民的物质和文化生活，制定人口政策和规划提供可靠的资料，在 1982 年开展了第三次全国人口普查。普查的标准时间为 1982 年 7 月 1 日零时，采用按常住地登记的办法，普查的内容增加到十九项。首次对数据进行了计算机处理，是我国第一次现代化的人口普查。

20 世纪 80 年代初，我国计划生育政策刚刚实施，在 1982 年开展第三次全国人口普查的基础上，为准确及时掌握全国人口的增减变化状况，更好地为检查计划生育政策和人口计划执行情况提供依据，从 1983 年开始，国家统计局会同有关部门建立了年度人口变动情况抽样调查制度，从此，较为完善的人口统计调查体系逐步建立起来。1986 年 8 月，国务院下发《对全国人口普查工作安排意见的批复》(国办发〔1986〕93 号)，决定第四次全国人口普查于 1990 年进行，今后每十年进行一次全国人口普查，由此形成了以人口普查为基础、非普查年份的抽样调查为主体的人口统计调查制度。

我国人口普查每 10 年开展一次(一般为逢 0 的年份)，在两次人口普查中间年份(一般为逢 5 年份)开展 1%人口抽样调查，又称人口小普查；其余年份开展全国人口变动情况抽样调查，样本量约占总人口的 1‰左右，又称 1‰人口抽样调查。1%人口抽样调查与人口变动情况抽样调查除样本量不同外，在抽样推算、工作环节和调查指标等方面基本相同。四十多年来，我国分别开展了 1990 年(第四次全国人口普查)、2000 年(第五次全国人口普查)、2010 年(第六次全国人口普查)和 2020 年(第七次全国人口普查)四次全国人口普查，1985 年、1995 年、2005 年和 2015 年四次全国 1%人口抽样调查，三十多次年度人口变动情况抽

样调查。2023年开始，国家统计局开始开展人口固定样本跟访调查。从历次普查或调查的内容来看，指标内容不断丰富，数据处理手段不断改进，数据发布时效性不断提高。

2000年第五次全国人口普查首次采用了长短表方式，采取了普查与抽样调查相结合的方法，90%的户填报短表，10%的户填报长表。2010年第六次全国人口普查采用电子计算机汇总方式，录入方式仍然使用光电录入技术，首次开发了全国人口普查地图标绘系统。2020年第七次全国人口普查首次采用电子化的方式，普查员使用电子采集设备（PAD或智能手机）登记普查对象信息并联网实时上报，或由普查对象通过互联网自主填报。

人口变动情况抽样调查作为全国和各省（区、市）获取年度人口主要数据的主要渠道之一，1983年以来为国家和地方政府提供了比较及时准确的年度人口数据，为制定优化人口相关政策提供了重要的数据依据，从起步到调查制度的建立完善，人口变动情况抽样调查确立了在人口统计中的重要地位。

1983—1988年，全国人口变动情况抽样调查的样本量为50万人，抽样比为0.5‰。样本设计考虑对全国有代表性，不考虑各省（区、市）的代表性。人口变动调查数据仅推算全国人口数据，各省（区、市）仍采用公安部门的户籍登记数。1989—1992年，人口变动情况抽样调查样本量扩大到180万人，以解决调查数据对各省的代表性的问题。1994年将样本量减少到120万人，抽样比为1‰。这一阶段人口变动情况抽样调查在方法制度的完善方面取得了重大进展，一是建立省级抽样调查方法制度；二是建立事后质量抽查制度；三是增加劳动力调查的内容。面对当前我国人口发展呈现的趋势性特征和数据需求多样性，人口变动情况抽样调查面临重要改革任务，2020年第七次全国人口普查后，在制度方法上进行了积极探索，一是调查项目设置专题模块，二是改进抽样方法，三是增加人口固定样本跟访调查作为人口变动情况抽样调查的补充，四是加强大数据在人口统计监测中的应用。

第二章　人口统计主要内容

第一节　调查、普查对象

人口普查对象是指普查标准时点在中华人民共和国境内的自然人以及在中华人民共和国境外但未定居的中国公民，不包括在中华人民共和国境内短期停留的境外人员。

人口抽样调查的调查对象为抽中住房内具有中华人民共和国国籍的人。调查以户为单位进行，既调查家庭户，也调查集体户。以2023年调查为例，应在抽中住房内登记的人包括：①2023年10月31日晚居住在本户的人；②户口在本户，2023年10月31日晚未居住在本户的人。抽中住房内2022年11月1日至2023年10月31日死亡的人口也要登记相关项目。

固定样本跟访调查的调查对象为国家统一抽取清单中的指定人员及相关衍生人员。

第二节　调查、普查时点

目前，人口抽样调查和人口普查的标准时点均为开展调查当年的11月1日零时。固定样本跟访调查每年开展两次，第一次调查的标准时点为当年的6月1日零时，第二次调查的标准时点为当年的11月1日零时。

调查时点定为11月1日零时，也是历经多年实践与总结，考虑季节、气候与人口迁移流动等多种因素,避开洪水多发、大雪封山等不利于入户调查的季节,春耕秋收时节、春节、国庆和寒暑假等节假日是人口流动较为频繁的时间,在这些时间开展调查不利于反映正常人口分布,综合考虑以上因素,选择 11 月 1 日为调查时点。

历史上人口普查和人口变动情况抽样调查的时点曾经有所不同。第一次全国人口普查至第四次全国人口普查(1953 年、1964 年、1982 年、1990 年)标准时点为当年 7 月 1 日零时,第五次全国人口普查至第七次全国人口普查(2000 年、2010 年、2020 年)改为当年 11 月 1 日零时。

1983—1993 年,人口变动情况抽样调查的标准时点均为当年的 12 月 31 日 24 时,1994—1999 年,提前至当年的 10 月 1 日零时,2000 年以后改为当年 11 月 1 日零时,延续至今。

第三节　登记原则

人口普查、人口抽样调查以及固定样本跟访调查均以户为单位进行登记,不同的是人口抽样调查以及固定样本是抽样调查,而普查是全面调查。

人口普查及人口抽样调查按“见人见户口”登记原则,对本户内现有人口和户籍人口均进行登记:居住在本户,不管户籍是否在本户,都是调查对象;户籍在本户,不管调查时点是否居住在本户,也是调查对象。固定样本跟访调查则严格按照调查程序中分配到的调查清单寻找指定户和指定人员,根据反馈的地址信息入户开展调查。

登记采用调查员入户询问、当场填报,或由调查对象自主填报等方式进行。数据采集原则上采用电子化的方式。采取调查员使用电子采集设备登记调查对象信息并联网实时上报,或由调查对象通过互联网自主填报等方式进行。

第四节　调查、普查主要内容

普查登记的主要内容包括：姓名、公民身份号码、性别、年龄、民族、受教育程度、行业、职业、迁移流动、婚姻生育、死亡、住房情况等。

人口变动情况抽样调查及固定样本跟访调查的主要内容包括：姓名、公民身份号码、性别、年龄、民族、受教育程度、工作情况、迁移流动、婚姻生育、死亡、住房情况等。根据需求每年会设置不同的专题调查内容。

人口普查和抽样调查的主要指标保持相对稳定，特别是人口的基本信息，通过调查和普查，反映人口的数量、年龄、性别、民族等基本属性，受教育程度、婚姻生育、迁移流动、分布和工作等社会属性，在年度人口抽样调查和固定样本跟访调查中，还通过设置专题项目反映养老、托育、流动儿童、留守儿童等社会热点问题。

第三章　人口统计的组织实施

第一节　人口普查

人口普查工作分三个阶段进行：

一是准备阶段。这一阶段的主要工作是：组建各级普查机构，制定普查方案和工作计划，进行普查试点，落实普查经费和物资，准备数据采集处理环境，开展普查宣传，选聘培训普查指导员和普查员，普查区域划分及绘图，进行户口整顿，开展摸底等。

二是普查登记阶段。这一阶段的主要工作是：普查员入户登记，进行比对复查，开展事后质量抽查等。

三是数据汇总和发布阶段。这一阶段的主要工作是：数据处理、汇总、评估，发布主要数据公报，普查资料开发利用等。

具体组织实施流程如下。

一、工作部署

人口普查工作按照全国统一领导、部门分工协作、地方分级负责、各方共同参与的原则组织实施。

国务院统一领导全国人口普查工作，研究决定人口普查中的重大问题。地方各级人民政府按照国务院的统一规定和要求，领导本行政区域的人口普查工作。在人口普查工作期间，各级人民政府设立由统计机构和有关部门组成的人口普查机构，负责人口普查的组织实施工作。村民委员会、居民委员会应当协助所在地人民政府动员和组织社会力量，做好本区域的人口普查工作。国家机关、社会团体、企业事业单位应当按照《中华人民共和国统计法》和《全国人口普查条例》的规定，参与并配合人口普查工作。

二、普查方案设计

根据《中华人民共和国统计法》《中华人民共和国统计法实施条例》《全国人口普查条例》和国务院相关文件政策，国家统计局会同国务院有关部门制定全国人口普查方案，报国务院批准，人口普查应当按照普查方案的规定执行。

三、区域划分及绘图

（一）划分标准

普查区域划分坚持地域原则，做到不重不漏、完整覆盖。普查区域包括省级（指省、自治区、直辖市）、地级（指地区、地级市、州、盟）、县级（指县、县级市、区、旗）、乡级（指乡、镇、街道）区域，以及普查区（居委会、村委会）和普查小区共六级。

普查区及以上区域与同时期统计用行政区划一致，普查区按照完整地域原则划分成若干个普查小区。

对于归属某个区域管理，但实际位置在另外一个区域范围内的飞地，可以作为一个封闭区域划归其归属的区域。其中县内的为本埠飞地，跨县的为外埠飞地。

（二）工作准备

国务院人口普查办公室统一选定普查区划绘图过程中需要的电子地图和相关地理数据资料，加载到“普查区划分与标绘系统（以下简称标绘系统）”，作为底图供各地使用。各级普查工作人员在此基础上开展区域划分和绘图工作。

（三）县级及以上边界的确定

国务院人口普查办公室在标绘系统中加载初步边界后，各省级普查办公室组织对县级及以上区域边界进行核实、协调，在标绘系统上对需调整的边界进行标注，上报跨省飞地，由国务院人口普查办公室进行确认调整。省内的外埠飞地由各地自行设置，相关普查办公室做好协调工作。

（四）乡级边界、普查区边界的确定

县级边界确定后，县级普查办公室组织乡级、村级普查工作人员，确定乡级边界和普查区边界，绘制本埠飞地。边界的确定以标绘系统中加载的初步边界为基础，根据行政管辖情况和人口普查实际需要，使用标绘系统在底图上进行调整、标绘。其中，乡级边界由普查区边界生成。乡级边界的调整，由县级普查办公室通过调整普查区边界实现。

（五）建筑物标绘和普查小区的划分

县级普查办公室组织乡级、村级普查工作人员对建筑物进行标绘，并标注建筑物信息。根据建筑物标绘中了解到的建筑物分布和人口居住情况，将普查区划分为若干个普查小区。

（六）信息的下发及补充

国务院人口普查办公室根据各地普查小区划分结果，生成标准地址码库，下发各地使用。县级普查办公室组织乡级普查办公室、村级普查小组利用标绘系统打印输出包含小区边界、建筑物图块、建筑物清单的《普查小区底图》，普查摸底前下发给普查员使用。普查员按要求对下发的《普查小区底图》进行绘制。

四、普查指导员和普查员的选聘及培训

每个普查小区至少配备1名普查员，每个普查区至少配备1名普查指导员，较大的普查区可按照每4～5个普查小区配备1名普查指导员的标准酌情增加普查指导员。普查员负责普查的入户登记等工作，普查指导员负责安排、指导、督促和检查普查员的工作，也可以直接进行入户登记。

1. 人员选聘。县级人民政府负责普查指导员和普查员选聘工作。

普查指导员和普查员可以从党政机关、社会团体、企业事业单位借调，也可以从村民委员会、居民委员会或者社会招聘。普查指导员和普查员应当由具有初中以上文化水平、身体健康、经培训能够使用电子采集设备、工作认真负责、能够胜任普查工作的人员担任。

2. 业务培训。县级普查机构统一组织对普查指导员、普查员进行业务培训，明确人员职责和工作任务。担当培训的教员必须经过县级以上普查机构的培训，并通过考核。普查指导员和普查员经过培训、考核合格并签订保密协议后，由县级以上普查机构颁发全国统一的证件。普查指导员和普查员执行人口普查任务时，应当出示普查指导员证或者普查员证。

五、户口整顿和普查摸底

（一）户口整顿

人口普查登记前，公安机关应当按照普查方案的规定完成户口整顿工作，并将有关资料提交同级人口普查机构。

在普查机构统一领导下，公安部门按照普查方案的要求进行户口整顿。户口整顿应当按照普查区域的范围，清理和掌握各地以普查区为单位的常住户口、暂住户口、人户分离人员、无户口人员和应销未销户口等情况。户口整顿资料提交同级普查机构，供普查登记时参考。

（二）普查摸底

普查摸底的流程为：

1. 绘制普查小区图。普查员通过实地勘察，明确普查小区的地域范围，核实建筑物的用途、数量和分布情况，掌握每个建筑物内住房单元的数量。

2. 普查告知。普查员在摸底过程中，要向负责区域内的所有住户发放《致住户的一封信》，开展人口普查宣传，询问住户希望选择哪种登记方式，告知入户登记的相关安排，提醒住户做好相应准备工作。对于选择参加互联网自主填报的住户，普查员应即时提供该住户使用的帐号信息,讲解填报流程和注意事项。

3. 编制《户主姓名底册》。普查员使用电子采集设备对普查小区内的建筑物和住房单元逐一入户进行摸查,掌握人口和居住情况,并编制《户主姓名底册》。

4. 上报摸底数据。普查员通过电子采集设备及时上报摸底数据,按规定时间完成全部数据上报。

六、普查登记和比对复查

(一)普查登记

登记工作在县级普查办公室统一部署下,由乡级人口普查办公室组织村级人口普查小组、普查指导员和普查员,在当地派出所、基层组织协助下进行。

1. 短表登记工作。短表登记期间应完成普查短表、港澳台居民和外籍人员普查表、死亡人口调查表的登记。普查短表由普查小区内的全部住户(不包括港澳台居民和外籍人员)填报,采取普查员使用电子采集设备入户询问、当场填报,或由普查对象通过互联网自主填报等方式进行。有死亡人口的户同时填写死亡人口调查表。港澳台居民和外籍人员普查表由在普查小区内居住的港澳台居民和外籍人员填报,采取普查员使用电子采集设备入户询问、当场填报的方式进行。

2. 长表登记工作。短表登记工作结束后,国务院人口普查办公室统一进行普查长表抽样。普查长表抽样以普查区为单位,在每个普查区的普查短表填报住户中抽取10%的户(不包括港澳台居民和外籍人员)填报普查长表。普查长表调查户确定后,由国务院人口普查办公室统一提供每个普查区的长表调查户名单。普查长表采取普查指导员使用电子采集设备入户询问、当场填报的登记方式进行。

(二)比对复查

比对复查工作是指在普查登记期间,以公民身份号码为依据,通过对普查登记数据内部、普查登记数据与其他行政记录之间进行一致性和完整性检验,查找人口错登、漏登问题,组织普查员开展查疑补漏、核实登记等一系列工作。

比对复查工作在国务院人口普查办公室统一部署下,由县级普查办公室统一组织,乡级普查办公室指导村级普查小组、普查指导员和普查员,在当地派出所、基层组织的协助下进行。

七、普查数据质量控制

质量控制工作贯穿普查全过程,对普查区域划分及绘图、部门数据整理、普查指导员和普查员选聘及培训、普查摸底、普查登记复查、普查事后质量抽查、行职业编码、普查数据汇总、普查数据评估与发布、普查资料开发与共享、普查总结等各个环节的工作,实行全过程、全方位的质量控制。

质量控制采用现场检查、数据审核和验收等多种方式进行。在普查各阶段,各级普查办公室质量控制小组应组织人员到现场检查,对工作中存在的问题及时予以纠正,同时收集、整理、分析工作质量情况,及时向普查办公室反映,采取有效措施防止出现系统性问题。在普查摸底、登记复查阶段,各级普查办公室通过行政记录比对和平台监管等方式对普查数据进行审核和分析,发现问题返回核实,据实修改。在普查摸底、登记复查、编码阶段实行质量验收制度。各级普查办公室质量控制小组按照要求进行工作验收,对不符合质量验收标准的,在验收时不予通过,由被验收地区返工后重新进行验收,直至达到规定的质量验收标准。

八、普查数据汇总和评估

国务院人口普查办公室负责对全国及分省主要数据进行汇总和核实,省级及以下普查机构负责对本级及下一级地区主要数据进行汇总和核实。各级普查机构要按照汇总表格式要求进行各类汇总。要通过汇总表内、表间相关指标的对比,与相关行政记录、历史资料的协调性等，检查汇总结果的逻辑性和客观性，有问题的应查明原因并核查订正。针对普查结构数据进行综合评估。

九、普查数据发布

按照有关规定，以公报的形式及时向社会发布普查主要成果。各省、自治区、直辖市的主要数据应于国家公报发布之后发布。

十、普查资料开发与共享

1. 开展分析研究。各级普查机构应制定普查数据开发利用规划，充分动员社会各方面的研究力量，围绕各级党委政府和社会各界关心的热点问题，有重点、有步骤地对普查数据进行全面、系统、深入的分析研究。

2. 编印普查资料。编辑出版国家以及小区域人口普查汇总资料，以及专题普查汇总资料。

3. 资料整理。各级普查机构整理普查过程文件，编辑出版文件汇编、画册、报告选编和论文汇编等资料，对文件、资料、出版物进行整理归档等。

4. 数据共享。根据普查数据结果和部门履行职责的需求，普查相关数据可以依法在有关部门之间共享。

十一、普查总结

1. 编制报告书。国务院人口普查办公室和各省、自治区、直辖市人口普查办公室应编制普查报告书，分别向国务院和各省、自治区、直辖市人民政府报告工作。

2. 组织进行技术业务总结。各级普查机构对普查工作进行技术业务总结，按要求上报上级普查机构。

3. 总结表彰。各级普查机构按有关规定进行普查工作综合考评，开展普查表彰工作。

第二节　人口抽样调查

人口抽样调查包括逢“5”年份的全国1％人口抽样调查和年度人口变动情况抽样调查。两个调查的样本量不同，组织实施与工作流程基本相同。以下以2020年第七次全国人口普查后开展的年度人口变动情况抽样调查为例介绍人口抽样调查的组织实施。

一、工作部署

年度人口变动情况抽样调查在当地政府的领导下，以统计机构为主组织实施，并在基层组织的协助下，选派调查员开展调查登记工作。各级统计机构要积极争取政府和有关部门的支持，做好本区域内的调查工作，确保调查数据质量。

二、抽样框整理及样本抽取

年度人口变动情况抽样调查的样本在第七次全国人口普查建立的样本框中，按照年度样本轮换原则进行抽取。

（一）抽样设计原则

1. 样本设计以科学性为原则，同时兼顾可操作性。在保证抽样科学性的前提下，适当考虑各地区实际情况的差异。

2. 村级单位一般以第七次全国人口普查划分的地域为准，对于人口规模过大或过小的村级单位，采取切割或合并地域的方式进行抽样。

3. 对2021—2024年年度人口变动情况抽样调查进行为期四年的周期样本设计。2021年统一抽取四年的样本。在四年调查周期内，调查样本按照一定比例进行轮换。

（二）调查设计样本量

按将全国人口出生率、死亡率的抽样估计在置信度为95％的相对误差限控制在3％以内，各省人口出生率的相对误差限控制在10％左右、死亡率的相对误差限控制在15%左右的设计目标,全国设计样本量约为140万人。

各省调查的样本量原则上按与各省第七次全国人口普查的常住人口数的平方根成正比进行分配。

(三)抽样方法

以全国为总体,以各省(自治区、直辖市)(以下简称省)为子总体。全国分省(自治区、直辖市)采取多阶段、分层、概率比例抽样方法,最终抽样单位为住户,每4个住户为一个住户组。

采用两阶段抽样的方法,第一阶段抽取村级样本,第二阶段抽取住户组。在人口普查分村汇总结果中整理村级样本抽样框,抽取村级样本,在村级样本住房单元列表中抽取住户组样本。

三、样本核实

年度人口抽样调查的样本由国家统计局依据第七次全国人口普查构建的抽样框进行抽取,各抽中村级地域范围原则上与第七次全国人口普查划定的范围保持一致。各地要对国家统计局下发的村级样本和所属建筑物、建筑物内的住房单元进行逐一核实,以第七次全国人口普查划定的地域界线为基础,明确调查的村级样本边界,判定建筑物的归属,核查建筑物内住房是否有人居住,并对相关区划的名称、代码、城乡属性、建筑物及住房有关情况等进行核实更新。

(一)村级样本信息核实

村级样本一般是整村抽中,但部分规模超大的村,会以普查小区为单位对该村级单位进行拆分。核实时,整村被抽中的仅需核实村边界;普查小区被抽中的,仅需核实抽中的普查小区组成的样本块。

村级样本信息的核实包括两个方面:一是对样本区域的边界进行核实;二是对样本区域的名称、代码进行核实。

(二)住房单元核实

住房单元核实工作是调查登记顺利进行的重要保证。调查指导员、调查员在基层组织的协助下,对抽中的村级单位所辖区域进行全面扫描,逐房逐户开展核实。

1. 住房单元的基础信息。住房单元核实的基础信息由国家统计局统一推送至调查员电子设备采集程序中,主要包括建筑物名称、建筑物地址、住房单元地址、是否为空房等信息。

2. 住房单元的核实规则。住房单元的核实由调查员使用电子设备进行操作。包括两个方面,一是核实村级样本边界内是否有新增或拆除的住房单元,二是核实村级样本边界内住房单元是否为空房。

3. 住房单元核实其他事宜。(1)住房单元信息直接推送至采集程序,村级可组织多人同时使用采集程序开展核实工作。(2)住房单元地址对于调查能否顺利开展至关重要,各级务必通过强化督导、检查、验收等手段,确保地址填报规范、清楚、准确,严禁多房同址、多址同房。(3)核实更新后的住房单元信息通过数据采集程序报送国家统计局。

四、调查指导员和调查员的选聘及培训

(一)调查指导员和调查员的选聘

调查指导员和调查员的选聘工作由县级统计机构负责。调查指导员和调查员主要从政府统计系统和基层组织人员中选调,也可以从社会招聘。为保证调查质量,调查指导员和调查员应尽量由熟悉本地区情况的人员担任,充分发挥网格员、物业人员的作用,尽可能保持调查队伍的稳定。

调查指导员选聘时间应早于调查员,以便开展工作。

(二)调查指导员和调查员的配备数量

原则上每个村级单位至少配备一名调查员和一名调查指导员。为了保证按规定时间完成登记任务,水上、牧区、山区、边远地区可酌情增配调查员。调查员的配备要留有百分之五左右的预备数。

(三)调查指导员、调查员的条件要求

1. 身体健康,能胜任工作。

2. 具有初中及以上文化水平,经培训能够使用电子设备开展工作(PAD或智能手机)。

3. 具有较强的沟通能力,待人和气,作风正派,为群众所信任,能为被调查户保守秘密。

4. 认真负责,工作细致,吃苦耐劳,能独立工作。

调查指导员除应具备以上条件外,还要具备一定的组织能力和社会工作经验。

(四)调查指导员、调查员的管理

各级统计机构要加强对调查指导员和调查员的管理,要重点加强对调查登记工作的监督和检查。

(五)调查指导员、调查员的培训

调查指导员和调查员的培训应尽可能减少层次,以增强培训效果。培训教员由地或县级统计机构统一派出,教员必须事先接受过人口变动情况抽样调查培训,并能胜任培训工作。对调查员的培训时间应不少于16学时。参加培训的调查指导员和调查员都要经过实地练习,能够熟练使用调查小区地图和数据采集程序进行入户登记工作。要加强对调查指导员和调查员的保密教育,签订保密承诺书。培训工作应于当年10月10日前完成。

(六)调查指导员和调查员的工作职责

调查指导员的主要任务是对调查员的工作进行组织、指导、检查和质量控制,保证住房核实、入户登记、数据上报等工作按时完成,保证调查员的各项工作质量达到规定的标准。调查员的主要工作是做好所负责住房内人口的登记工作。

五、登记、复查、核查

(一)登记、复查、核查工作的组织

年度人口变动情况抽样调查的登记、复查、核查工作,由县级或乡级统计机构组织调查指导员和调查员，在社区和村(居)委会的协助下进行。登记与复查同步进行，时间为11月1日至11月15日。生育核查在登记结束后进行，核查工作在11月30日前完成。

(二)登记工作

1. 登记以户为单位，主要采取调查员持电子设备入户询问、现场填报的方式进行，也可由被调查户通过互联网自主填报的方式完成。

2. 调查员、调查指导员进行入户登记时应出示调查员证或调查指导员证。

3. 登记调查表时，应按照采集程序指引，对调查表中的各个项目进行逐项询问。

4. 登记完成后，调查员应将通过审核的信息，向申报人当面宣读，请申报人签字确认，核对无误后上报数据。

(三)复查工作

调查登记期间，调查指导员要及时组织调查员对登记的数据质量进行全面复查。复查的内容包括调查员应结合行政记录资料，对登记数据进行全面检查，检查有无漏登户籍人口、流动人口、出生人口和死亡人口。

(四)核查工作

生育核查工作在登记结束后进行。根据上级统计机构反馈的育龄妇女信息，由调查员上门或通过电话联系等方式，对育龄妇女调查时点前一年的生育状况进行重新核实，确认该户是否漏登0～1岁人口。

六、质量控制

(一)质量控制任务

1. 控制、监督调查各阶段任务落实情况，梳理工作中存在的问题，收集、整理、分析工作质量情况。对具有共性的质量问题，及时向上一级统计机构汇报，防止出现系统性偏差。

2. 在调查准备、调查登记阶段实行工作质量验收制度。对不符合质量验收标准的，验收时不予通过，由被验收单位返工后重新进行验收，直至达到规定质量验收标准。

（二）工作组织

由各级统计机构组织开展。地方各级统计机构对本地区调查工作质量全面负责，并对本级和下级调查业务工作质量负责。

（三）质量控制方法

采用检查、督导和验收等方式进行，并根据检查、督导和验收情况填写各阶段质量控制表。

（四）各阶段质量控制

1. 调查准备阶段。各级统计机构应全面督导检查各调查区域准备工作情况，主要包括以下内容：(1)检查人员、经费、设备落实情况；(2)检查样本信息核实情况；(3)检查调查所需基础信息提供情况；(4)检查人员培训情况。

2. 调查登记阶段。各级调查机构应通过规范管理、强化责任、现场核查等手段，加强对调查员工作进度、工作质量的监督检查，保证源头数据质量。

(1)质量检查。

(a)检查人员要深入调查区域，了解掌握调查员的登记进度，防止只求登记数量而忽略登记质量的情况。

(b)要认真核实调查表的重点项目。

(c)对登记过程中改为空房的住房，应认真进行核查。

(d)县级以上统计部门要在数据处理平台上对调查数据真实性、准确性进行认真分析。

(2)质量验收。

(a)住房单元核实质量验收。

10 月 21 日前，省级统计部门组织各地按照每个县级区域抽取 1 个村级样本的原则抽取样本核实质量验收样本区域。样本核实质量验收工作应于 10 月 21 日—25 日开展，要对抽中村级样本全部住房单元开展样本核实质量验收。如验收不合格必须返工，直至达到规定的质量验收标准才能进入下一阶段工作。

(b)登记阶段质量验收。

11 月 15 日前，省级统计部门按照每个市级区域抽取 2 个县，每个县级区域抽取 1 个村级样本的原则抽取登记阶段质量验收样本区域。登记阶段质量验收工作应于 11 月 16 日至 11 月 20 日开展，要检查主要指标登记情况。如验收不合格必须返工，直至达到规定的质量验收标准才能进入下一阶段工作。

(五)质量控制工作纪律

严格人口抽样调查各阶段工作纪律，任何工作人员不得篡改人口调查资料，不得指使调查员和申报人弄虚作假，违者将依法追究责任。

七、数据汇总和评估

(一)程序开发

国家统计局数据管理中心统一编制数据采集、审核和汇总程序。

(二)数据报送

各省(自治区、直辖市)统计机构要在规定的时间内，做好调查数据的报送工作。《人口变动情况抽样调查表》和《死亡人口调查表》数据通过电子设备采集后直接上报，11 月 15 日前完成。《人口调查村、居委会基本情况表》通过数据处理平台进行录入，11 月 30 日前完成录入上报工作。

(三)数据审核

在数据采集上报期间，各级统计机构通过平台对报送数据进行审核和分析，对于审核中发现的问题，要及时返回基层核实、据实修改，确保源头数据质量。

(四)数据汇总

全国数据由国家统计局人口和就业统计司负责汇总，各省(自治区、直辖市)的数据要按照国家统计局统一的部署和安排进行汇总。

（五）主要数据推算

国家统计局人口和就业统计司负责推算全国和各省（自治区、直辖市）主要人口数据，包括全国和各省（自治区、直辖市）年度总人口、主要年龄结构、性别结构、出生率、死亡率、自然增长率、城镇化率等。

八、数据发布

在国家统计局发布全国性人口统计数据前，各级统计机构不得发布本地区数据。国家统计局发布全国性人口统计数据后，各地应尽快发布本地区经国家统计局核定的数据；主要数据应以国家统计局反馈数据为准，不得发布和提供与国家统计局反馈数据不一致或仅供内部参考使用的数据。

第三节　人口固定样本跟访调查

一、工作部署

人口固定样本跟访调查在当地政府的领导下，以统计机构为主组织实施，并在基层组织的协助下，选派调查员开展调查登记工作。

固定样本跟访调查由县级统计机构负责分配、协调和管理本辖区的调查任务，组织调查员进行现场调查，监督数据实时上报进度，并负责协调部门行政记录辅助调查以及具体实施本地区数据质量控制工作。省、市级统计机构负责指导本地区调查对象所在的下级统计机构完成调查任务，监督数据实时上报进度和具体实施本地区数据质量控制工作。

二、抽样方案

固定样本跟访调查的样本基于全国人口普查住户列表构建的样本框抽取，调查对象为 31 个省（自治区、直辖市）的住户。

(一)抽样设计原则

1. 样本设计以科学性为原则,同时兼顾可操作性。

2. 省级行政单位聚类分层使用指标与跟访调查研究变量高度相关,有效提高分层抽样精度。

3. 跟访调查基线样本为2020年人口普查时点截面总体的代表性样本,为保证样本始终能代表当前人口总体,在后续各轮次跟访中,需按跟访规则补充衍生人员。

(二)样本量确定

第一次调查按照在95%置信区间下将全国人口出生率、死亡率的抽样估计相对误差控制在5%以内的设计目标,综合考虑调查人员力量、调查经费保障等因素,样本量约为8万户,20万余人;第二次调查按照在95%置信区间下将全国人口出生率、死亡率的抽样估计相对误差控制在8%以内的设计目标,样本量约为4万户,10万余人。

(三)抽样方法

固定样本跟访调查以全国为总体,以各省(自治区、直辖市)为子总体,采取分层、概率比例、系统抽样等抽样方法,首先对各省级行政单位进行分层,然后按比例在各省级行政单位层内进行系统抽样,最终抽样单位为住户。

1. 省级行政单位分层。充分利用人口普查资料对各省级行政单位内部进行聚类分层。聚类指标分为县域指标和家户指标,其中县域指标包括迁移率、出生率、死亡率等,家户指标包括城乡属性、常住人口规模、儿童比例、老年人口比例、育龄妇女比例等。聚类的原则是尽可能使层内各单位之间异质性小,各层间异质性大。

2. 层内抽取住户样本。将全国样本量按规模成比例分配给各省,各省样本量按规模成比例分配至各层,最后采用系统抽样方法在各层抽取住户样本。

(四)加权方法

固定样本跟访调查汇总权数依据抽样概率、无应答调整系数等确定，由国家统计局人口和就业统计司统一计算。

三、固定样本所属村级单位信息核实

村级样本信息的核实主要对样本所属区域的名称、代码进行核实。

（一）固定样本所属村级样本信息的内容

1. 字段 NCUN，村级单位的名称。

2. 字段 DZMCODE，村级单位的地址码，12 位数字长度。

（二）固定样本所属村级样本信息的核实规则

1. 如果村级样本的隶属关系有变化，则样本对应的地、县、乡级的汉字名称和地址代码要核实，根据统计用区划代码做相应的变化。

2. 村级及以上单位的名称、代码一般以本省（区、市）统计机构统一维护的统计用区划代码库为准。

3. 村级样本信息的变更和替换。如村级样本名称、代码有变动，须填写修改后的样本信息；固定样本不进行样本调整工作。

四、调查指导员和调查员的选聘及培训

调查指导员、调查员的选聘工作由县级统计机构负责。调查指导员、调查员主要从政府统计系统和基层组织人员中选调，也可从社会招聘，应尽可能保持调查员队伍的稳定。各级统计机构要加强对调查员的培训，尽可能减少培训层级，提升培训成效。各级统计机构要强化对调查员工作的监督检查。

五、调查登记

调查员根据国家统一抽取的名单在常住地寻找并登记指定人员的相关信息，调查员对常住地发生变化的人员在全国范围内联系寻找并在新的居住地进行登记，各级统计机构做好数据审核工作。

对于推送到采集程序中的全部待跟访人员，需根据实际情况填报跟访对象模块。一是仍在本户居住的或短期离开的，作为本地址跟访

人员进行登记;二是离开本户半年以上或者因拆迁搬家、婚姻嫁娶等原因离开本户不满半年但有长期离开趋势的,作为搬离本地址的人员,记录其现住地详细地址和联系方式,推送至现住地调查。其中,非全户搬离的搬离人员,可在本地通过电话访问等方式进行登记。

六、质量控制

调查实行严格的质量控制制度,建立健全调查数据质量追溯和问责机制,确保调查数据可核查、可追溯、可问责。质量控制工作由国家统计局统一组织,由各级统计机构负责实施,采用入户陪访、检查、督导、平台监管、电话抽查等方式对调查各阶段工作进行质量控制,确保数据质量,并形成质量控制报告报上级统计机构。

省级统计机构应抽取 5%的调查对象进行平台抽查、电话或现场回访,样本规模较小的省份可以适当扩大抽查比例;地市级统计机构应抽取 10%的调查对象进行平台抽查、电话或现场回访,样本规模较小的地市可以适当扩大抽查比例;县级统计机构应抽取 30%的调查对象进行平台抽查、电话或现场回访,样本规模较小的县有条件的可以适当扩大抽查比例。原则上各级统计机构的合并复查范围应对所有调查员实现全覆盖,确保对每一个调查员的调查行为进行追溯。

各级检查时需重点关注调查员是否按照调查对象名单进行跟访,录音内容是否符合调查要求,拍摄照片与待跟访对象户是否一致,是否与调查对象取得联系,是否遗漏流动和留守儿童、衍生人员,查看调查对象签名是否属实,调查定位和采集时间是否反映疑似未入户,是否按照调查对象情况如实填报。重点关注无法联系到调查对象的比例和生育、死亡等重点指标填报情况等,对于检查发现问题的,需及时反馈,并重新核实上报。

七、数据采集、审核和汇总

1. 国家统计局数据管理中心统一编制数据采集、审核和汇总程序。

2. 各省(自治区、直辖市)统计机构要在规定的时间内,做好调查数据的报送工作。

3. 数据审核。在数据采集上报期间,各级统计机构通过平台对报送数据进行审核和分析,对于审核中发现的问题,要及时返回基层核实、据实修改,确保源头数据质量。

第四章　人口统计常用分析指标

人口统计常用分析指标包括人口年龄、性别、出生、死亡等人口自然属性方面的指标，也包括婚姻、教育、城镇化等社会属性方面的指标。当前，我国流动人口的规模不断扩大，很多流动人口的户籍并未改变，中国各级政府主要依据常住人口来规划经济社会发展，人口统计常用分析指标多用常住人口口径。

第一节　人口规模相关指标

一、人口总数

人口总数也叫总人口数，是人口统计中最基本的指标，是计算人口结构和各类人口相关指标的基础，也是反映一国人力资源状况的重要指标。人口总数是在某一特定时点、特定地域范围内，按某一口径统计的全部存活人口的总和，由不同性别、不同年代出生的人所组成。人口总数随着人口的出生、死亡、迁入、迁出的变动而变动，也随考察的地域范围和统计口径的不同而不同。一般因人口出生、死亡引起的变动，称为人口自然变动，因人口迁入、迁出引起的变动，称为机械变动。

进行人口总数统计，必须明确统计时点、地域范围和统计口径三要素。统计时点是与某人口总数对应的时点。由于人口时刻处在变动之中，因此每一个具体的人口数均指在某个确切时点的数值。人口数是时点指标，不管是人口普查还是人口抽样调查，都有一个明确的标准时点，保证各区域的人口数据是同一时点的数据，便于比较。地域范围不同，所统计到的人口数也会不同。如河北省城区人口与河北省全省人口是有差异的，城镇人口与乡村人口统计的地域范围完全不同。统计口径是对所统计人口的具体界定，常用的人口总数统计口径包括常住人口、现住人口和户籍人口。

（一）常住人口

常住人口是国际上进行人口统计、发布人口数据时通用的总人口指标口径，指经常居住在某一地区的人口。在我国，常住人口是指实际经常居住在某地区半年以上的人口，既包括户口在本地且实际居住的人口，也包括户口不在本地但实际居住的人口，主要包括三种类型：一是居住在本乡镇街道且户口在本乡镇街道或户口待定的人。二是居住在本乡镇街道且离开户口登记地所在的乡镇街道半年以上的人。三是户口在本乡镇街道但外出不满半年或在境外工作学习的人。

（二）现有人口

现有人口指在某一特定时点居住在某地域范围内的全部人口，包括外来暂住人口，不包括本地暂时外出的人口。现有人口是进行人口统计的最简单形式。人口按其所在地进行计数，所在地通常是指某时点所在的住所。

现有人口概念消除了采用常住地统计时带来的计算复杂问题，同时还具有成本优势，主要缺点是只能反映某个时点而不能反映长期居住在本地的人口数量，可能无法为制定有效的计划和政策提供人口常住地域分布情况的资料。

（三）户籍人口

户籍人口是指公民依照《中华人民共和国户口登记条例》已在其经常居住地的公安户籍管理机关登记了常住户口的人。这类人口不管其是否外出，也不管外出时间长短，只要在某地注册为户籍人口，则为该地区的户籍人口。

二、平均人口数

(一)平均人口数的计算

人口总数是时点指标,每个时点上的数值均不相同,因此某一时点的人口数只能代表这一时点的人口规模,不能反映一个时期的人口规模。为获得某一时期(如某一年)内相对稳定的人口数,反映一定时期人口规模的平均水平,需要计算平均人口数,常用的是年平均人口数。平均人口数也是进一步计算出生率、死亡率、人均国内生产总值等指标必需的基础指标。

平均人口数理论上应当将每一瞬间的人数相加,除以相应的时间长度。但实际操作中,不可能取得每一瞬间的人口数,因此一般做法为计算平均人口数的近似值。可以通过简单平均数(公式 4.1)或加权平均数(公式 4.2)两种基本方法计算,一般使用简单平均数方法计算。

$$\bar{P}=\frac{\sum_{i=1}^{n}P_i}{n} \qquad \text{(公式 4.1)}$$

$$\bar{P}=\frac{\sum_{i=1}^{n}(P_i \cdot t_i)}{\sum_{i=1}^{n}t_i} \qquad \text{(公式 4.2)}$$

两种计算方法的区别在于公式 4.1 仅考虑与每一人口数相对应的时点个数,公式 4.2 还考虑了各个时间点的时期长度,因而以相应的时期长度比例作为权数。公式 4.1 可视为公式 4.2 在时间长度相等时的特殊情形。

(1)序时平均数公式。

已知某一时期内若干时点人口数的情况下,计算时期平均人口数,可以使用序时平均数公式。

$$\bar{P}=\frac{\frac{P_0}{2}+P_1+P_2+\cdots+P_{n-1}+\frac{P_n}{2}}{n} \qquad \text{(公式 4.3)}$$

其中，$\bar{P}$ 为人口平均数，P_n 为第 n 个时点的人数，n 为时期个数。

该方法的计算原理是假设每两个时点间人口均匀变动，因而可以通过简单平均数的方法计算每两个时点的平均人口数，再将时期内所有两两时点间的平均人口数之和与时期个数相除，就可以得到包含若干时点人口数的某时期的平均人口数指标。

(2)简单算术平均数公式。

如果是计算较短时期平均人口数，可以直接使用简单算术平均数方法。计算公式为：

$$\bar{P}=\frac{P_0+P_1}{2} \qquad (公式 4.4)$$

简单算术平均数方法是实践中最经常使用的计算平均人口数的方法，也常用年中人口数来表示年平均人口数。这些计算方法均假设该年内人口数均匀变动(增加或减少)。如果整个时期内人口数是均匀变动的，则期中人口数恰好与该时期平均人口数相等。

(二)用期中人口数近似代替平均人口数

期中人口数是某一时期期中时点的人口数。对于日历年份而言，每年的 7 月 1 日零时是一年的中间时点，该时点的人口数可视为一年的期中人口数。人口统计中经常在假设时期内人口均匀变动的条件下，用期中人口数代替平均人口数。

第二节　性别与年龄结构相关指标

性别、年龄是个体最重要的自然属性，人口性别、年龄结构是最基础的人口自然结构。

一、性别结构指标

人口的性别结构指标包括性别比、性比例、性别差异百分比。

(一)性别比

性别比通常指的是男性与女性人口数量之比，表示为每 100 名女性对应的男性数量，也称为男性比。计算公式为：

$$性别比=\frac{P^m}{P^f}\times 100 \qquad (公式 4.5)$$

其中，P^m 为男性人口数量，P^f 为女性人口数量。性别比是应用最广泛的性别结构指标。针对所研究人群的特点，还可以进一步细化为如下指标：

(1)出生性别比。也叫出生人口性别比，反映某一时期新出生人口中每 100 名活产女婴所对应的活产男婴数量。正常范围为 103～107。

(2)婚龄人口性别比。反映婚龄人口性别结构。正常范围在 100 左右。

(3)总人口性别比。指总人口中男性与女性之比，反映一个人口总体的性别结构。正常范围为 95～102。

(4)年龄别人口性别比。指某一年龄或年龄组男性与女性人口数量相比得到的性别比。一般随着年龄的增加，年龄别人口性别比数值会趋于减小。

此外，还可以计算如老年人口、迁移人口、劳动年龄人口、死亡人口等的性别比指标。

性别比的正常区间只有在样本规模足够大、随机误差很小的情况下才有意义。例如，一个社区的年出生人口数很少，出生人口性别比波动就会很大，就某个社区而言，讨论其出生人口性别比是否在正常范围、是否存在失衡等就毫无意义。需要注意的是，性别比指标在计算时虽然乘了 100，表示每 100 名女性对应的男性数量，但并不是百分比指标，一般直接用值(如：105)而非百分数来表示性别比。

(二)性比例

性比例是指男性或女性人口数占总人口数的比例。通常用百分比表示。

$$SP^m=\frac{P^m}{P}\times 100\% \qquad (公式 4.6)$$

$$SP^f = \frac{P^f}{P} \times 100\% \qquad \text{(公式 4.7)}$$

其中，SP^m 和 SP^f 分别是男性和女性比例，P^m 和 P^f 分别是男性和女性人数，P 是总人口数，$P = P^m + P^f$ 。

（三）性别差异百分比

性别差异百分比指男女两性人口数之差相对于总人口的百分比，一般用男性人口数与女性人口数之差与总人口相比，反映男性相对于女性人口的剩余或不足量在总人口中比例。性别差异百分比以 0 作为两性平衡点，与 0 的差异越大，说明两性人口的相对差异越大。分母为总人口，因而计算的是相对离差。

$$\text{性别差异百分比} = \frac{P^m - P^f}{P} \times 100\% \qquad \text{(公式 4.8)}$$

二、年龄结构指标

年龄通常指日历年龄，即每个人自出生起开始计算活过的时间长度，通常以年为单位计算周岁年龄。某些民族或地区习惯使用虚岁计岁，意指母亲怀孕的时间也被计入，因而婴儿出生时就已是 1 岁，过农历新年时又增 1 岁，不应将不同口径的年龄直接比较。

按照年龄对人口进行划分，得到人口年龄结构。在分析人口的年龄结构时，首先要将人口按年龄分组。通常有两种分组方法：一种是等距分组法，如按 1 岁或 5 岁分组；另一种是特殊分组法，即根据研究的需要按人口的生物特性或社会经济活动状况分组，如将人群划分为婴幼儿组、学龄儿童组、青少年组、育龄妇女组、劳动年龄人口组、老年组等。最为常用的是人口年龄结构的三分法，即将总人口按照年龄划分为少儿人口（0～14 岁）、成年（劳动年龄）人口（15～59 岁或 15～64 岁）和老年人口（60 岁或 65 岁及以上）三组。

由于婴儿在人口研究中具有特殊的地位（缘于死亡率的特殊性），在进行 1 岁或 5 岁分组时，往往要把 0 岁组单独列出来。

年龄是连续变量，通常使用以下三种指标进行人口年龄结构的统计。

(一)年龄比例类指标

(1)分年龄人口百分比。即不同年龄人口占总人口的比例,用各年龄或年龄组人口数除以总人口数得到,用来描述人口年龄分布,并进行不同人口间年龄结构的比较。

(2)人口系数。按照三分法得到三大年龄段人口数,将其与总人口数相比较,分别得到"少儿人口系数""成年人口系数"和"老年人口系数"。通过比较三个系数,可以判断人口的年龄结构类型。

(二)年龄的比类指标

(1)抚养比。同样是按照三分法得到三大年龄段人口数,由于成年人口在社会经济生活中担负主要责任,少儿人口和老年人口受年龄和身体条件限制,往往需要依靠成年人口的经济活动生活,因而分别用少儿人口数、老年人口数与成年人口数相比较,比值分别称为"少儿抚养比"和"老年抚养比"。由此反映成年人口抚养少儿人口、老年人口的负担。也可以用少儿人口数与老年人口数之和与成年人口数相比较,计算反映成年人口负担的"总抚养比"。公式分别为:

$$少儿抚养比=\frac{P^C}{P^A}\times 100 \quad (公式 4.9)$$

$$老年抚养比=\frac{P^O}{P^A}\times 100 \quad (公式 4.10)$$

$$总抚养比=\frac{P^C+P^O}{P^A}\times 100 \quad (公式 4.11)$$

其中,P^C 、P^A 和 P^O 分别为少儿人口数、成年人口数和老年人口数。

(2)老少比。老少比是用同一人口中的老年人口数和少儿人口数相比较,以反映人口的年龄结构上下两端相对变动的趋势。

$$老少比=\frac{P^O}{P^C} \quad (公式 4.12)$$

(三)年龄的集中趋势指标

(1)平均年龄。通过计算各年龄组组中值与各年龄组人数乘积之和与人口总数相除得到，以综合反映人口总体的年龄水平。通常用 1 岁组或 5 岁组数据计算。

(2)年龄中位数。指将人口按年龄顺序排列后，分成人数相等的两部分的年龄值，一半人口在年龄中位数以上，一半人口在年龄中位数以下。年龄中位数的上升或下降可以清楚地反映出总人口中年龄较长的人口所占比例的变动情况。

(3)年龄众数。是在人口总体中出现最频繁的年龄值，即在年龄分布上包含人数最多的年龄。与年龄中位数一样，年龄众数也是位置平均数。

三、人口性别、年龄结构测度与分析

人口金字塔。可以同时测度人口性别、年龄结构的方法是人口金字塔，也称人口性别、年龄金字塔，它将人口性别、年龄构成用几何图形表示出来，可鲜明、形象地反映人口的性别年龄状况、类型和未来发展趋势。

人口金字塔图形分纵横两轴。纵轴是年龄，按从低龄到高龄的顺序依次从底端向顶端排列；横轴被纵轴均衡分为两侧，左侧为男性，右侧为女性。与纵轴垂直、与横轴平行的条形图长度在纵轴两侧分别表示每个年龄组男性、女性的人数或比例，条形越长表示该年龄、性别的人口数量越多或占比越大。由于高龄组人口总是呈现衰减趋势，所以图形整体上形似金字塔(见图 4.1)。

当条形图长度代表比例时，其计算方法为各性别、年龄人口数与总人口数之比。人口金字塔全部条形图面积代表总人口数(当条形图长度为绝对数时)或 1(当条形图长度为比例时)。

根据人口金字塔的形状，可判断人口的再生产类型是下宽上尖的增长型、近似矩形的静止型，还是上尖中宽下窄的缩减型。生育率高且相对稳定的发展中国家的人口金字塔的典型形状是底部宽、两侧斜边陡峭，显示出有大量的儿童和年轻人口，较小比例的老年人口；而长期

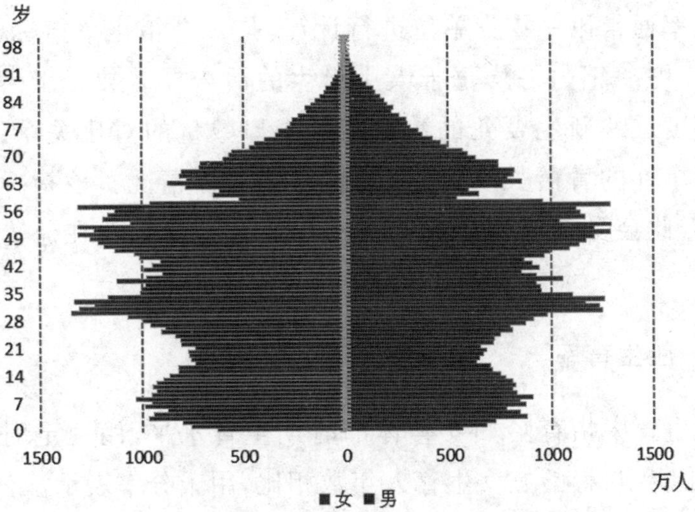

图 4.1　2020 年中国人口金字塔

低生育率国家的人口金字塔近似矩形；生育率下降的人口金字塔呈现出底部缩小、中部突出的格局。

第三节　生育分析相关指标

生育分析是人口统计的基本内容之一，对于认识生育规律、评价人口形势、预测人口未来非常重要。

一、出生率

出生率也称粗出生率，指在某一时期内，出生人口数与该时期内总人口的生存人年数之比。在假设人口出生、死亡均匀发生的情况下，生存人年数一般用年平均人口数或年中人口数近似表示。公式为：

$$出生率=\frac{B}{n\cdot\bar{P}}\times 1000‰ \qquad (公式 4.13)$$

其中，B 为时期内出生人口数，n 为以年为单位的时期长度，$\bar{P}$ 为期内平均人口数。

出生率通常以一年为单位进行计算，是一个年化率指标，一般用千分数表示，即一年内平均每千人中出生的活产婴儿数。出生率从生育结果的角度反映新生婴儿的数量与总人口数量的对比关系，并未考虑承担生育事件的育龄妇女数量、结构等的具体情况。该指标只考虑了总人口，因此会受到总人口的性别结构以及育龄妇女在总人口中的比重的影响。

二、一般生育率

一般生育率指育龄妇女整体的时期生育水平，用一定时期内出生的活产婴儿数与育龄妇女生存人年数相比，用千分率表示。公式为：

$$一般生育率=\frac{B}{n\cdot\bar{W}_{15\sim49}}\times1000‰ \qquad (公式4.14)$$

其中，B 为时期内出生人口数，n 为以年为单位的时期长度，$\bar{W}_{15\sim49}$ 为期内 15～49 岁育龄妇女平均人口数。

一般生育率将某时期的育龄妇女看作一个整体，反映该时期内育龄妇女的生育水平。分母是某一时期内育龄妇女的存活人年数，在时期内出生、死亡事件均匀发生的假设下，通常用育龄妇女的平均人口数或期中人口数代替。分子应是某一时期内发生的生育事件数，因发生在一定时期内的出生事件与生育事件基本一致，因此常假定二者相等，用出生人口数作为分子。

一般生育率消除了总人口性别结构和育龄妇女占总人口比例因素的影响，但仍会受到育龄妇女内部年龄结构与婚姻状态变化的影响。

三、年龄别生育率

年龄别生育率指按每一年龄（或年龄组）分别计算的妇女生育率，用千分率表示。这一指标反映各年龄妇女的生育水平，因为妇女的生育能力和生育孩子的数量往往是随年龄而变化的。通常以一年为单位，定义为在一年中每千名某一年龄或年龄组妇女所生育的孩子数。公式为：

$$f_a = \frac{B_a}{\bar{W}_a} \times 1000‰ \qquad (公式 4.15)$$

其中，B_a 为 a 岁育龄妇女生育的孩子数，$\bar{W}_a$ 为 a 岁育龄妇女平均人口数。

年龄别生育率不仅可以反映不同年龄妇女的生育水平，而且可以反映一个人口的生育模式，即生育过程的时间分布模式，或单位时间（一般为一年）内活产婴儿按育龄妇女年龄分布的形式，表现为生育的早晚、生育的高峰年龄、生育时间的分布情况等。不同地区人口生育的年龄模式与该地区经济社会水平、文化风俗等密切相关。年龄别生育率是一系列指标。根据当年年龄别生育率和育龄妇女分年龄人数，可以计算当年生育孩子数，作为出生人数的参考数据。

四、孩次比例

孩次比例是一定时期（一般为一年）内全部出生人口中不同孩次的婴儿所占的比例，反映了该时期出生人口的孩次结构，通常用百分比表示。可计算 1 孩比例、2 孩比例、3 孩及以上孩次比例。计算方法是用一定时期内出生的各孩次人数，除以该时期内出生人口总数乘 100%。

如果用妇女的生育次数而不是出生的孩子数来计算，得到的结果就是胎次比例。

五、分孩次一般生育率

分孩次一般生育率是对一般生育率的细化。对于育龄妇女整体，我们可以将某时期出生的所有活产婴儿按照孩次分类，计算育龄妇女每一孩次的一般生育率。公式为：

$$分孩次一般生育率 = \frac{B^i}{\bar{W}_{15\sim49}} \times 1000‰ \qquad (公式 4.16)$$

其中，B^i 表示孩次为 i 的时期出生人口数，$\bar{W}_{15\sim49}$ 为该时期育龄妇女平均人口数。

将各孩次一般生育率相加可得到一般生育率。

六、总和生育率

年龄别生育率排除了妇女年龄结构的影响，详细刻画了妇女的生育水平与生育模式，但是因年龄别生育率是一系列指标，不能综合说明妇女的总体生育水平，也很难在同时期不同人口或同一人口不同时期间进行比较。为了综合表示一个人口的生育水平，基于某一时期育龄妇女的年龄别生育率构建了总和生育率指标。

总和生育率是指假设一批同时出生的妇女按照某一时期的年龄别生育率度过整个育龄期，且在育龄期内无一死亡的情况下，平均每个妇女所生的孩子数量。在时期长度为 1 年，年龄为单岁年龄的情况下，总和生育率等于各年龄别生育率之和；在年龄为 5 岁组的情况下，总和生育率等于年龄别生育率之和与组距 5 的乘积。公式为：

$$(\text{单岁年龄})\text{总和生育率}=\sum_{a=15}^{49} f_a \qquad (\text{公式 } 4.17)$$

$$(5\text{ 岁年龄组})\text{总和生育率}=5\sum_{i=1}^{7} f_i \qquad (\text{公式 } 4.18)$$

其中，a 表示年龄，i 表示年龄组编号（$i=1$ 即 15～19 岁组，依此类推）。

总和生育率是反映某时期妇女总体生育水平的综合指标，是一种年龄标准化的指标，因而不受实际人口育龄妇女年龄结构的影响，但仍会受到人口婚姻结构的影响。

需要注意的是，总和生育率是时期数据与假定队列方法的结合，是假定的一批妇女一生平均生育的孩子数，不能用此推断当前妇女未来的实际生育数量。

七、终身生育率

如果追踪现实中同时出生的一批妇女，将她们一生中在各个年龄的生育率加总，获得终身生育率，是反映妇女一生的生育状况和生育结果的指标。表示在不考虑死亡的情况下，这一批妇女一生平均生育的孩子数。公式为：

$$终身生育率=\sum_{a=15}^{49} f_a^{T+a}=\frac{B_T}{W_T} \qquad (公式\ 4.19)$$

其中，a 为年龄，T 为出生时间(年)，f_a^{T+a} 为 $T+a$ 年 a 岁妇女生育率，W_T 为同批进入育龄期的妇女人数，B_T 为该批妇女经过整个生育期后生育的全部孩子数。

终身生育率反映的是妇女一生的真实生育水平，而总和生育率是假定的过程。终身生育率采用的是队列分析方法，而总和生育率是时期数据与假定队列相结合的分析方法。

八、平均生育年龄

生育具有数量、时间和性别三维特征，因此生育度量不仅涉及出生的孩子数量的多少，还涉及生育时间的早晚。衡量生育时间的指标是平均生育年龄。

平均生育年龄指标是用年龄表示的妇女生育的平均时间，反映生育的早晚。公式为：

$$平均生育年龄=\frac{\sum\left(a+\frac{n}{2}\right)\cdot {}_nf_a}{\sum {}_nf_a} \qquad (公式\ 4.20)$$

其中，a 为年龄组下限，n 为组距，${}_nf_a$ 为 $a\sim a+n$ 岁组妇女生育率。通常 n 为 1 或 5，代表 1 岁年龄或 5 岁年龄组。

第四节　死亡分析相关指标

死亡是影响人类自然变动的主要因素之一。

一、死亡率

死亡率一般也称粗死亡率，指一定时期（一般为一年）内某地区死亡人口数与同期该地区生存人年数的比，说明某一地区人口在某一时期内的死亡强度，用千分率表示。公式为：

$$死亡率=\frac{D}{\bar{P}}\times 1000‰ \qquad （公式 4.21）$$

其中，D 为年内死亡人口数，$\bar{P}$ 为年平均人口数。

假设时期内死亡均匀发生，分母中的生存人年数往往用时期平均人口数（或期中人口数）近似表示。

称作“粗”死亡率，是因为该指标的分母包含了所有年龄、性别的人口，描述的是总人口的死亡水平。而实际上不同年龄、性别的人口具有不同的死亡率水平，“粗”死亡率无法反映这些“细”化的死亡水平。

二、年龄别死亡率

（一）年龄别死亡率的计算

年龄别死亡率度量的是不同年龄人口的死亡强度，以年龄为特征进行人口区分，是某时期（通常为一年）某年龄组死亡人口数与该时期同年龄组平均生存人年数之比。一般用千分率表示。

当时期内该年龄人口死亡均匀发生时，年龄别死亡率的计算公式为：

$$年龄别死亡率=\frac{{}_nD_x}{t\cdot{}_n\bar{P}_x}\times 1000‰ \qquad （公式 4.22）$$

其中，${}_nD_x$ 为某时期 $x\sim x+n$ 岁年龄区间死亡人口数，t 为以年为单位的时期长度，${}_n\bar{P}_x$ 为该时期 $x\sim x+n$ 岁年龄区间平均人口数。n 为年龄区间，通常为 1 或 5，代表年龄分组为 1 岁一组或 5 岁一组。

（二）死亡的年龄模式

年龄别死亡率的一个重要功能是描述人口死亡的年龄模式（一般

简称为死亡模式)，揭示不同年龄人口死亡强度的差异。婴儿组和高龄组人口死亡率通常高于其他年龄组人口。分年龄组人口死亡率曲线一般呈现为“U”形或“J”形，表现为不满1岁的婴儿(尤其是不满1个月的新生儿)死亡率比较高，以后各年龄组人口死亡率随年龄而下降，在10～14岁组时通常达到最低点，15岁以后缓慢上升，50岁以后随着年龄的增加死亡率上升。

在流行病和死亡率转变过程中，死亡率的下降往往伴随着死亡模式的转变，表现为死亡年龄模式由“U”形转变为“J”形，主要是由于在各年龄死亡率下降过程中，婴儿死亡率下降更快。发达国家已经完成了死亡率转变，死亡模式呈现“J”形，而一些发展中国家正处于死亡率转变过程中，死亡模式处于“U”形向“J”形转变之中，部分国家已经基本转变为“J”形。目前，我国的人口死亡模式已呈现典型的“J”形模式。

三、死亡人口平均年龄

死亡人口的平均年龄即死亡人口年龄的平均值。公式为：

$$\text{死亡人口平均年龄}=\frac{\sum\left(a+\frac{n}{2}\right)\cdot {}_nD_a}{\sum {}_nD_a} \qquad (\text{公式 } 4.23)$$

其中，a 为年龄组下限，n 为组距，${}_nD_a$ 为 $a\sim a+n$ 岁组的死亡人数。通常 n 为1或5，代表1岁年龄或5岁年龄组。

四、平均死亡年龄

由于死亡人口的平均年龄是以死亡人口分布为权数的，而死亡人口的年龄分布受存活人口年龄结构的影响，因此，为了消除存活人口年龄结构的影响，可以用死亡率在年龄上的分布作为权数，计算平均死亡年龄。公式为：

$$\text{平均死亡年龄}=\frac{\sum\left(a+\frac{n}{2}\right)\cdot {}_nm_a}{\sum {}_nm_a} \qquad (\text{公式 } 4.24)$$

其中,a 为年龄组下限,n 为组距,$_nm_a$ 为 $a \sim a+n$ 岁组的死亡率。通常 n 为1或5,代表1岁年龄或5岁年龄组。

五、平均预期寿命

平均预期寿命是最常用的人口分析指标之一,是对死亡率最为综合又易于理解的指标,是指已经活到确切年龄 x 岁的人口,平均预期尚可存活的年数,主要通过编制生命表得出。当确切年龄为0时,平均预期寿命也称作出生时平均预期寿命,即可能的寿命长度。如果不加特别说明,平均预期寿命一般是指出生时平均预期寿命。

第五节　婚姻家庭相关指标

婚姻家庭是所有国家(或地区)最基本的社会组织单元和最重要的社会生活共同体。人口的婚姻、家庭结构及其分布,折射出社会变迁和时代特点,对社会的发展进步有着广泛、深刻且久远的影响。

一、婚姻基本指标

婚姻分析的基本指标可以分为结婚指标、离婚指标和综合指标三类。由于婚姻指标多为时期指标,而人口调查内容主要为时点指标,所以在计算婚姻指标时多使用部门行政记录等其他数据来源。主要包括以下指标:

(一)粗结婚率

一定时期(通常是一年)内结婚人数或结婚对数与同期总人口生存人年数之比。

$$CMR = \frac{M}{\bar{P}} \times 1000‰ \quad \text{(公式 4.25)}$$

其中,CMR 表示粗结婚率,M 指的是结婚人数或对数,总人口生存人年数在一定的假设条件下可以用年中人数或年平均人口数代替,$\bar{P}$ 表示年均人口数。粗结婚率反映的是在特定时期内人口结婚事件的发生频率，易受人口年龄结构的影响。

（二）一般结婚率

一定时期（通常为一年）内结婚人数或对数与同期15岁及以上人口生存人年数之比。

$$\mathrm{GMR}=\frac{M}{\bar{P}_{15^+}}\times 1000‰ \qquad \text{（公式 4.26）}$$

其中，GMR表示一般结婚率，M指的是结婚人数或对数，$\bar{P}_{15^+}$表示15岁及以上人口的年均人口数。该指标易受15岁及以上人口内部年龄结构的影响。国际上通用15岁为结婚年龄下限。

（三）分性别年龄别结婚率

一定时期（通常为一年）内某性别年龄别人口的结婚人数与同期该性别年龄别人口生存人年数之比。

$$\mathrm{ASMR}_a^{m(f)}=\frac{M_a^{m(f)}}{\bar{P}_a^{m(f)}}\times 1000‰ \qquad \text{（公式 4.27）}$$

其中，$\mathrm{ASMR}_a^{m(f)}$表示分性别（男性m或女性f）在年龄（a）的结婚率；$M_a^{m(f)}$表示某性别、年龄（a）的结婚人数，$\bar{P}_a^{m(f)}$表示该性别、年龄人口的年均人口数。年龄可以按照1岁一组或5岁一组划分。

性别年龄别结婚率消除了人口年龄结构的影响，各性别—年龄结婚率的集合能够反映一个人口的结婚年龄模式。

（四）总和结婚率

总和结婚率为分年龄结婚率之和。

$$\mathrm{TMR}=\sum_{a=15}^{\infty}\mathrm{ASMR}_a \text{ 或 } \mathrm{TMR}=5\sum_{a=15\sim19}^{\infty}\mathrm{ASMR}_a \qquad \text{（公式 4.28）}$$

其中，TMR表示总和结婚率，ASMR_a表示a岁（组）的结婚率。a可以是1岁分组，也可以是5岁分组。

总和结婚率能够综合反映一个人口总的结婚水平及趋势。它指的是假定这个人口按该时期的分年龄结婚率度过一生的话，平均每个人的结婚次数。在人口年龄构成和婚姻模式较为稳定的情况下，该指标值应该接近1。

（五）初婚率

一定时期（通常是一年）内初婚人数与同期年均未婚人口数之比。

初婚率也可以分别计算粗初婚率、一般初婚率、分性别年龄初婚率及总和初婚率等多个指标，算法与结婚率类似，只是在分子中要将结婚者更换为相应的初婚者、在分母中将一般人口更换为相应的未婚人口即可。由于结婚双方可能只有一方为初婚，因此各初婚率指标的分子以人数为准，而不是对数。

（六）再婚率

一定时期（通常是一年）内每1000名离婚和丧偶人口中的再婚人数。

$$RMR_2^{+}=\frac{M_2^{+}}{\bar{P}_{d+w}}\times 1000‰ \qquad \text{（公式 4.29）}$$

其中，RMR_2^{+} 表示再婚率，M_2^{+} 表示再婚人数，$\bar{P}_{d+w}$ 表示离婚及丧偶的年均人口数。因为结婚双方可能有一方是再婚，而另一方是初婚，因此再婚率的分子只是再婚人数，而无法计算对数。

（七）平均初婚年龄

表示某一时期（通常为一年）内初次结婚者的平均年龄，或某一队列人口初婚时的平均年龄。是以各年龄初婚人数为权数的各初婚年龄的加权平均数。

$$\bar{x}_m=\frac{\sum x_m\cdot w_x}{\sum w_x}+\frac{1}{2}d \qquad \text{（公式 4.30）}$$

其中，$\bar{x}_m$ 表示平均初婚年龄，x_m 为初婚年龄组下限值，w_x 为 x 岁的初婚人数，d 为年龄组距。x 岁可以为1岁组，也可以为5岁组，但 d 的相应取值不同。

平均初婚年龄是反映人口婚姻特征的最基本指标。平均初婚年龄一般分性别计算，其中计算女性平均初婚年龄的意义更大。

(八)离婚率

与结婚率指标类同,人口的离婚率指标也可以分别计算粗离婚率、一般离婚率、分性别年龄离婚率、总和离婚率、平均离婚年龄等。计算方法也与结婚率各指标相同,唯一不同的就是分子由结婚人数或对数改为离婚人数或对数(同样为了各类指标的一致性,建议使用人数)。

(九)离婚结婚比

一定时期(通常是一年)内每 100 对结婚相对的离婚对数。

$$R=\frac{D}{M}\times 100 \qquad \text{(公式 4.31)}$$

其中,R 表示离婚结婚比,D 表示离婚对数,M 表示结婚对数。

该指标只是反映特定时期一个人口中结婚与离婚发生的相对强度关系,而不是指已婚有配偶中有多少对离婚了,因为该指标计算所依据的结婚者与离婚者并非同批人,对应的是某一特定时期(通常为一年)两者发生频数的相对关系。

二、家庭基本指标

家庭指标基本都是时点指标,主要依靠人口普查或者人口抽样调查获得。一般情况下,分为分类指标和综合指标两类,户主率等一系列指标也构成了单独的一类。

(一)平均家庭(户)规模

家庭户总人口数与家庭户总数之比。反映家庭的平均成员人数。

$$MS=\frac{P}{H} \qquad \text{(公式 4.32)}$$

其中,MS 表示平均家庭(户)规模,P 表示家庭户总人口数,H 表示家庭户总数。

(二)平均每户成年人数

家庭户中的成年人口数与家庭户总数之比。反映家庭(户)中的平均成年人口数。

$$MSa=\frac{Pa}{H} \quad \text{（公式 4.33）}$$

其中，MSa 表示平均每户成年人数，Pa 表示成年人口总数，H 表示家庭户总数。

该指标排除了通常与分家立户无关的少年儿童人口，可以更好地说明人口中分家立户水平的高低。一般对成年人口年龄下限的选择为15岁或18岁。

（三）平均每户的婚姻单元数

为家庭（户）中的婚姻单元总数与家庭户总数之比。

$$Mh=\frac{M}{H} \quad \text{（公式 4.34）}$$

其中，Mh 表示平均每户的婚姻单元数，M 表示家庭户中的婚姻单元总数，H 表示家庭户总数。该指标用以比较人口中婚姻单元与分家立户水平之间的关系。

（四）户主率

(1)粗户主率。总人口中户主人数所占的比例，在我国，每户只能有1个户主，因此户主总人数实际上等于家庭户总数，所以该指标的倒数就是平均家庭户规模，但是两者想要说明的问题不同。

$$CHR=\frac{H}{P}\times 100\% \quad \text{（公式 4.35）}$$

其中，CHR 表示粗户主率，H 表示户主人数，P 表示家庭户人口总数。粗户主率同样受到人口年龄结构的影响。

(2)一般户主率。成年人口中户主人数所占的比例，也称总户主率。

$$GHR=\frac{H}{P_{15+}}\times 100\% \quad \text{（公式 4.36）}$$

其中，GHR 表示一般户主率，H 表示15岁及以上的成年人口数。一般户主率排除了少年儿童人口对立户水平的影响，可以更好地反映人口分户的情况。

(3)分性别年龄户主率。某性别、年龄人口中户主人数所占比例。

$$HR_{ij}=\frac{H_{ij}}{P_{ij}}\times 100\% \qquad (公式 4.37)$$

其中，HR_{ij} 表示 i 性别 j 年龄人口的户主率，H_{ij} 表示 i 性别 j 年龄的户主人数，P_{ij} 表示 i 性别 j 年龄的人口总数。

(4)标准化户主率。用标准人口年龄结构计算得出的一般户主率。

$$HRs=\sum_{i}\sum_{j}[Ps_{(ij)}\times HR_{(ij)}] \qquad (公式 4.38)$$

其中，HRs 为标准化户主率，$Ps_{(ij)}$ 表示标准人口的性别(i)年龄(j)结构，$HR_{(ij)}$ 表示分性别(i)年龄(j)户主率。通过计算得到的标准化户主率并不能代表实际的立户水平，指标本身并不具有任何实际意义，但它可以用于不同地区不同时期的比较，以反映差异程度及其变化趋势。

第六节　迁移与城镇化相关指标

一、迁移的基本指标

与出生、死亡等人口事件的相对指标的计算不同，人口迁移涉及到人口迁出地和人口迁入地的人口基数。

(一)迁移率的计算

(1)区域间总迁移率。

$$m_r=\frac{\sum_{i,j}M_{ij}-\sum_{i,j}M_{i=j}}{\sum_{i,j}M_{ij}}\times 100\% \qquad (公式 4.39)$$

其中，m_r 是区域间总迁移率，$\sum_{i,j}M_{ij}$ 是普查时点的总人口数，$\sum_{i,j}M_{i=j}$ 是时期内未发生迁移的人数。

(2)地区迁入率。

地区 A 的迁入率表示某一时期内迁入该地区的人数占期末人数的比重，公式是：

$$m_I{}^A=\frac{\sum_j M_{Aj}-M_{AA}}{\sum_j M_{Aj}}\times 100\% \quad （公式 4.40）$$

其中，$m_I{}^A$ 表示 A 地区的迁入率，$\sum_j M_{Aj}$ 表示 A 地区的现有人数，M_{AA} 表示该时期内一直留在 A 地区的人数，也就是 A 地区的非迁移人口。

(3)地区迁出率。

地区 A 的迁出率表示某一时期内迁处该地区的人数占期初人数的比重，公式是：

$$M_O{}^A=\frac{\sum_j M_{iA}-M_{AA}}{\sum_j M_{iA}}\times 100\% \quad （公式 4.41）$$

其中，$m_O{}^A$ 表示 A 地区的迁出率，$\sum_j M_{iA}$ 表示 A 地区该时期期初的人数，M_{AA} 表示该时期一直留在 A 地区的人数。

(4)地区净迁移率。

地区的净迁移率可以看作是某一时期内，该地区迁入迁出人数的差额占该地区现有人数的百分比。当净迁移率为正数时，说明这个地区的迁入人口多于迁出人口；为负数时，说明这个地区的迁出人口多于迁入人口。这个指标常用来对某一地区的人口迁移方向进行度量。

仍然以 A 地区为例，公式是：

$$M_N{}^A=\frac{\sum_j M_{Aj}-\sum_i M_{iA}}{\sum_j M_{Aj}}\times 100\% \quad （公式 4.42）$$

(5)一个地区的总迁移率。

该指标可以解释为迁入某一地区的人数与从该地区迁出的人数之和占该地区现有人数(期末人数)的比重，从该指标可以看出某地区的人口迁移的普遍程度。仍以 A 地区为例，公式是：

$$M_T{}^A=\frac{\sum_j M_{Aj}+\sum_i M_{iA}-2\,M_{AA}}{\sum_j M_{Aj}}\times 100\% \quad （公式 4.43）$$

(6)人口流动参与度。

人口流动参与度这个指标可以反映不同地区人口参与全国流动的

程度，以 C^A 表示 A 地区的流动人口参与度，计算公式为：

$$C^A=\frac{\sum_j M_{iA}-M_{AA}}{M_{AA}}\times 100\% \qquad \text{（公式 4.44）}$$

其中，$\sum_j M_{iA}$ 表示 A 地区的期初人数，M_{AA} 表示 A 地区在分析时期内没有发生流动的人数，$\sum_j M_{iA}-M_{AA}$ 表示 A 地区的迁出人口。

(7)流动人口吸引度。

流动人口吸引度这个指标反映了不同地区对于流动人口的吸引能力，以 X^A 表示 A 地区的流动人口吸引度，其具体计算公式为：

$$X^A=\frac{\sum_j M_{Aj}-M_{AA}}{M_{AA}}\times 100\% \qquad \text{（公式 4.45）}$$

其中，$\sum_j M_{Aj}$ 表示 A 地区的现有人数，M_{AA} 表示 A 地区在分析时期内没有发生流动的人数，$\sum_j M_{Aj}-M_{AA}$ 表示 A 地区的迁入人数。

（二）有关流向的迁移率

人口迁移的一个重要特征是其具有方向性。以下指标可以分析人口迁移的流向。

(1)偏迁出率。

上文提到的“迁出率”仅仅是对某一地区迁出总人口的度量，不能反映出人口流动的具体方向，而“偏迁出率”正好可以补充这一缺憾。具体来讲，“偏迁出率”表示从 i 地区迁移到 j 地区的人口占 i 地区现有人口的比重。公式如下：

$$m_{ij}{}^B=\frac{M_{ij}}{P_i}\times 1000‰ \qquad \text{（公式 4.46）}$$

其中，$m_{ij}{}^B$ 表示从 i 地区到 j 地区的偏迁出率，M_{ij} 表示从地区 i 迁移到地区 j 的人数；P_i 表示地区 i 的现有总人数。

(2)偏迁入率。

与偏迁出率类似，偏迁入率表示从地区 j 迁入到地区 i 的人口占地区 i 现有人口的比重。

$$m_{ji}{}^{i}=\frac{M_{ji}}{P_i}\times 1000‰ \quad （公式 4.47）$$

其中，M_{ji} 表示从地区 j 迁入地区 i 的人数。

(3)总人口互换率。

总人口互换率用来度量两个地区之间人口相互迁移往来的频繁程度，由 i 地区和 j 地区相互迁移人口数之和除以 i 地区和 j 地区的现有人口数的和得到。公式如下：

$$GRI=\frac{(M_{ij}+M_{ji})}{(P_i+P_j)}\times 1000‰ \quad （公式 4.48）$$

其中，P_i 和 P_j 分别表示地区 i 和地区 j 的现有总人数。

(4)净人口互换率。

净人口互换率用来度量两个地区之间人口相互迁移的净流向，如果为正值，表明从 i 地区迁移到 j 地区的人数超过从 j 地区流向 i 地区的人数；如果是负值，表明从 j 地区迁移到 i 地区的人数超过从 i 地区迁移到 j 地区的人数。公式如下：

$$NRI=\frac{(M_{ij}-M_{ji})}{(P_i+P_j)}\times 100\% \quad （公式 4.49）$$

(5)迁移效率。

迁移效率表示 i 地区和 j 地区净迁移人口占两个地区总迁移人口的比重。公式如下：

$$迁移效率=\frac{|M_{ij}-M_{ji}|}{(M_{ij}+M_{ji})} \quad （公式 4.50）$$

二、城镇化的基本指标

(一)城镇化水平

城镇化水平表示在特定地域和特定时点的城镇化程度。最常用的度量方法是城镇人口比重，即城镇人口占总人口的比重：

$$U=\frac{P_u}{P_T}\times 100\% \quad （公式 4.51）$$

其中,U 为某地区城镇化水平,P_u 为某地区城镇人口数,P_T 为某地区总人口数。

(二)城镇化速度

(1)城镇化速度是反映在两个时点间的城镇化水平变动的指标,其公式为:

$$T_a=\frac{U_{t+n}-U_t}{n} \quad \text{(公式 4.52)}$$

其中,T_a 为城镇化速度,U_{t+n} 为 $t+n$ 年的城镇化水平,U_t 为 t 年的城镇化水平,n 为时间间隔。上述计算方法是算数平均方法计算城镇化速度,表示城镇化率每年提高的百分比。利用这种方法计算的城镇化速度受期初(即基期 t 年)已经达到的城镇化水平的影响。由于城镇化水平变动范围是 0～100%,在城镇化水平很高时,城镇人口还有继续增长的可能性,但城镇化水平变动值将很小。

(2)还可以计算城镇人口年平均增长速度来反映城镇化的速度,计算公式为:

$$T_a=\sqrt[n]{\frac{P_{t+n}}{P_t}}-1 \quad \text{(公式 4.53)}$$

其中,P_{t+n} 为某地区在($t+n$)时的城镇人口数,P_t 为同一地区在 t 时的城镇人口数。

(三)城市规模分布

(1)城市首位度。

城市首位度是指某一地域最大城市与第二大城市人口的比值。首位度一定程度上代表了城镇体系中的城镇人口在最大城市的集中程度。

$$S_1=\frac{P_1}{P_2} \quad \text{(公式 4.54)}$$

其中,S_1 为某地域城市首位度,P_1 为某地域第一大城市人口数,P_2 为某地域第二大城市人口数。

(2)四城市指数。

四城市指数是指某地域第一大城市人口数与紧随其后三个大城市人口数之比。

$$S_4=\frac{P_1}{P_2+P_3+P_4} \quad \text{(公式 4.55)}$$

其中,S_4 为某地域四城市指数,P_1 为某地域第一大城市人口数,P_2 为某地域第二大城市人口数,P_3 为某地域第三大城市人口数,P_4 为某地域第四大城市人口数。

(四)人口分布

(1)分地区的人口比例。

分地区的人口比例是指某一地区人口占全部地区总人口的比例,也可称为“人口比重”。

$$p=\frac{P_i}{\sum P_i}\times 100\% \quad \text{(公式 4.56)}$$

其中,p 为某地区人口占全部地区总人口的比例,P_i 为地区 i 人口数,$\sum P_i$ 为全部地区总人口数。

(2)人口密度。

人口密度是指某地域一定时点上单位面积内人口数,即每平方公里人口数。它反映人口的稠密程度或人口分布的均衡性。历年人口密度动态比较可以反映人口分布的变化状态。

$$m=\frac{P}{S} \quad \text{(公式 4.57)}$$

其中,m 为某地域人口密度,P 为某地域人口数,S 为该地域的面积。

(3)人口集中指数。

为了测量人口是集中分布在某一地区还是均等分布在该地区的各地域,可以计算人口集中指数,其计算公式为:

$$C=0.5\sum|p_i-s_i| \quad \text{(公式 4.58)}$$

其中,C 为某地域人口集中指数,p_i 为 i 部分地域人口占某地域全部人口比重,s_i 为 i 部分地域面积占该地域全部面积比重。

(4)人口重心。

人口重心是反映人口地区分布的综合统计指标,指在观察地域的人们沿着直线线路移动时,使全部移动距离总和最小的点。若把某地区分成 n 个部分地域,并设第 i 个地域的人口为 P_i,则 $\sum P_i$ 为地区总人口;同时记地域 i 的地理坐标(经纬度)为 (X_i, Y_i),那么此地区的人口重心坐标为 (X, Y):

$$\mathrm{X}=\frac{\sum P_i X_i}{\sum P_i} \qquad \text{(公式 4.59)}$$

$$\mathrm{Y}=\frac{\sum P_i Y_i}{\sum P_i} \qquad \text{(公式 4.60)}$$

第七节　老龄化相关指标

人口老龄化是总人口中老年人口比例不断上升的动态过程。反映人口老龄化的常用指标有三类,即人口老龄化程度指标、人口老龄化速度指标和抚养比指标。抚养比指标本章第二节已介绍。

一、人口老龄化程度指标

常用的反映人口老龄化程度的指标有老年人口比例、人口年龄中位数、老年人口与少儿人口的比值。

(一)老年人口比例

老年人口比例是指老年人口占总人口的百分比,由于老年人口的起点年龄通常使用60岁或者65岁,因此老年人口比例也可以使用两种口径计算:60岁及以上老年人口比例或者65岁及以上老年人口比例,计算公式分别如下:

60岁及以上老年人口比例=60岁及以上老年人口数/总人口数×100%

(公式 4.61)

65岁及以上老年人口比例=65岁及以上老年人口数/总人口数×100%

(公式 4.62)

(二)人口年龄中位数

人口年龄中位数是指将人口按年龄顺序排列后,分成人数相等的两部分的年龄值,一半人口在年龄中位数以上,一半人口在年龄中位数以下。年龄中位数的上升或下降可以清楚地反映出总人口中年龄较长的人口所占比例的变动情况。该指标计算相对容易、含义清楚,各国统计资料中都经常予以公布,故成为度量人口年龄结构的常用指标之一。该指标的变化可以敏感地反映出人口总体的变化趋势,因此也被认为是度量人口老龄化的基本指标之一。

年龄中位数的计算公式如下:

$$年龄中位数=中位数组年龄组下限值+\frac{(人口总数/2-中位数组之前各年龄组人口数累计)}{中位数组人口数}\times组距 \quad (公式\ 4.63)$$

因为年龄中位数是要确定将总人口按年龄由低到高排序后分成两部分人数相等的年龄,所以,在计算过程中先要依据总人口数确定一半的人口数是多少,其次是确定中位组数,最后依据上述公式计算年龄中位数。

(三)老少比

老年人口与少儿人口的比值。

二、人口老龄化速度指标

在比较不同国家或者地区人口老龄化发展哪个发展更快时,就要用到反映人口老龄化速度的指标。常用的反映人口老龄化速度的指标包括某一时期老年人口数量的年均增长率和老年人口比例倍增时间。其中,老年人口比例倍增时间是指人口老龄化程度由某一水平(通常用65岁及以上老年人口比例占7%)提高一倍(65岁及以上老年人口比例占14%)所需的年数。

(一)老年人口年均增长率

老年人口年均增长率的计算公式为:

$$老年人口年均增长率=\left[\left(\frac{期末老年人口数}{期初老年人口数}\right)^{1/n}-1\right]\times100\%$$

（公式 4.64）

这里，n 为期末与期初的间隔年数。

老年人口年平均增长率用于反映一定时期（例如 5 年、10 年或者更长时间）内老年人口数量每年平均增加的速度。

（二）老年人口比例倍增时间

老年人口比例倍增时间指人口老龄化程度由某一水平（通常用 65 岁及以上老年人口比例占 7%）提高一倍（65 岁以上老年人口比例占 14%）所需的年数。

老年人口比例倍增时间的计算方法：先确定 65 岁及以上老年人口比例达到 7%的年份，再确定增加一倍达到 14%的年份，两者之间的差就是老年人口比例倍增年数。

第八节　受教育状况

受教育状况是人口的一个重要特征，也是反映人口质量的一项重要内容。人口受教育状况的统计指标不仅涉及到度量的范围（例如：不同批人或不同特征的人口），也涉及到度量的程度（比如粗率、一般率、分年龄率等）。

一、在学状况的统计指标

（一）粗在学率

粗在学率（CER）是指全体人口中在学人口所占的比例，用百分比来表示，其计算公式为：

$$CER=\frac{E}{P}\times100\%$$

（公式 4.65）

其中，P 为总人口数，E 为全部在校学生数。

在学人口通常只与学龄人口有关，学龄以外年龄较大的人则与此无关。为了更好地反映应该在学或实际在学人口状况，通常将在学率的分母限制在有可能在学的学龄人口范围内。

（二）一般在学率

一般在学率（GER）是指有可能在学（或称学校适龄人口、学龄人口）的某一年龄区间（通常采用5～34岁）的人口中实际在学（在校）人口的比例，用百分数表示，其公式为：

$$GER=\frac{E}{P_{5\sim34}}\times100\%=\frac{E}{\sum\limits_{a=5}^{34}P_a}\times100\% \quad （公式 4.66）$$

其中，E为在校人口数，$P_{5\sim34}$为年龄在5～34岁之间的人口数。

粗在学率和一般在学率均受人口年龄结构影响。因此，在利用粗在学率和一般在学率比较不同人口的受教育程度时，往往会由于受年龄结构影响而得出错误的结论。

（三）分年龄在学率

分年龄在学率（$ASER$）是指某一年龄（组）人口学中在学人口的比例，用百分比表示，其公式为：

$$ASER_a=\frac{E_a}{P_a}\times100\% \quad （公式 4.67）$$

其中，$ASER_a$为a岁人口在学率，E_a为a岁在学人口数，P_a为a岁人口数。

分年龄在学率在评价人口的在学水平时被更多地使用，但只与某一年龄（组）有关，并不能反映所有年龄在学率的总体水平。

（四）分教育程度在学率

分受教育程度在学率（$LSER$）是指正在接受某一水平教育的在学人口数与相应年龄组人口数之比，用百分数表示，其公式为：

$$LSER_l=\frac{E_l}{P_a}\times100\% \quad （公式 4.68）$$

其中，$LSER_l$为l受教育程度在学率，E_l为受l水平教育的在学人口数，P_a为与受l水平教育有关的a年龄组人口数。

（五）分年龄、受教育程度在学率

分年龄、分受教育程度在学率（$ALSER$）是指某一年龄组人口中正在受某一水平教育的人所占的比重，用百分比表示，其公式为：

$$ALSER_{al}=\frac{E_{al}}{P_a}\times 100\% \qquad \text{（公式 4.69）}$$

其中，$ALSER_{al}$ 为分年龄、分受教育程度在学率，E_{al} 为 a 年龄组中受 l 水平教育的在学人口数，P_a 为 a 年龄组人口数。

该指标的优点是消除了受教育程度和年龄的不一致性，从而可以在相同年龄区间上考察受某一程度教育的在学人口状况。

（六）标准化在学率

为了能够比较合理地反映两个人口地在学水平上的差异，通常要用标准化的办法来消除年龄结构的影响，这就需要计算标准化在学率（AER）。其公式为：

$$AER_s=\frac{\sum(E_a/P_a)\times P_{sa}}{P_s}\times 100\% \qquad \text{（公式 4.70）}$$

其中，AER_s 为标准化在学率，E_a 为 a 岁在学人口数，P_a 为 a 岁组人口数，E_a/P_a 为 a 岁组在学率，P_{sa} 为标准人口中的 a 岁组人口数，P_s 为标准人口总数。

（七）各种受教育程度人口的比例

某一受教育程度人口的比例，是指具有某一受教育程度（最高学历）的人口在总人口中的比例，通常以 10 万分数为单位。也可以表述为每 10 万人口中拥有某一受教育程度的人口数。其公式为：

$$\text{某一受教育程度人口的比例}=\frac{\text{某一受教育程度人数}}{\text{总人口数}}\times 100000$$

（公式 4.71）

二、文盲状况的统计指标

文盲状况统计是一项重要的人口受教育程度分析指标。按照第四次全国人口普查的规定，文盲、半文盲是指 15 周岁及以上（以往的普查和调查规定为12周岁及以上)不识字或识字不足1500个,不能阅读普通书报,不能写便条的人。不满15周岁(以往是不满12周岁)的人,即使不识字也不算文盲。对文盲、半文盲状况的分析主要采用下面一些指标来进行。

(一)粗文盲(包括半文盲)率

粗文盲(包括半文盲)率(CIR)是指文盲、半文盲人口占总人口的比例,用百分比表示,计算公式为:

$$CIR=\frac{I}{P}\times100\% \quad (公式 4.72)$$

其中,CIR 为粗文盲(包括半文盲)率,I 为文盲、半文盲人数,P 为总人口数。

(二)一般文盲率

一般文盲率(GIR)是指15岁及15岁以上人口中,文盲和半文盲人口所占的比例,用百分比表示,其计算公式为:

$$GIR=\frac{I}{P_{15+}}\times100\% \quad (公式 4.73)$$

其中,I 为15岁及15岁以上文盲、半文盲人口数,P_{15+} 为15岁及15岁以上人口数。

(三)分年龄文盲率

分年龄文盲率($ASIR$)是指某一年龄(组)人口中文盲、半文盲人口所占的比例,用百分比表示,其公式为:

$$ASIR_s=\frac{I_a}{P_a}\times100\% \quad (公式 4.74)$$

其中,I_a 为 a 岁组文盲、半文盲人口数,P_a 为 a 岁组人口数。

(四)标准化文盲率

$$AIR_s=\frac{\sum(I_a/P_a)\times P_{sa}}{P_s}\times100\% \quad (公式 4.75)$$

其中,I_a/P_a 为分年龄文盲率,P_{sa} 为分年龄标准人口数,P_s 为标准总人口数。

(五)识字率

$$识字率=\frac{识字的 6 周岁及以上人口数}{6 周岁及以上人口数}\times 100\% \quad (公式 4.76)$$

三、学业完成情况的统计指标

(一)分等级的学业完成率

分等级的学业完成率($SLAR$)是指完成了某一等级学业的某一年龄(组)人口占该年龄人口的比例,其公式为:

$$SLAR_a^l=\frac{C_a^l}{P_a}\times 100\% \quad (公式 4.77)$$

其中,C_a^l 为完成了 l 登记学业年龄为 a 岁的人口数,P_a 为年龄为 a 岁的人口数。

(二)等级累计学业完成率

等级累计学业完成率($CLAR$)是指完成某一等级以上学业的某年龄(组)人口占该年龄(组)人口的比例,其公式为:

$$CLAR_a^{l+}=\frac{C_a^{l+}}{P_a}\times 100\% \quad (公式 4.78)$$

其中,C_a^{l+} 为完成等级 l 和 l 以上学业的 a 岁人口数,P_a 为年龄为 a 岁的人口数。

(三)学业完成比

学业完成比(EAR)是指完成不同等级学业人口之间的比例关系,其计算公式为:

$$EAR_a=\frac{C_a^{l+}}{C_a^{b-}}\times 100\% \quad (公式 4.79)$$

其中,C_a^{l+} 为完成等级 l 和 l 以上学业的 a 岁人口数,或者叫曾经完成过 l 学业的 a 岁人口数,C_a^{b-} 为未完成等级 b 学业的 a 岁人口数,或者叫从未达到过等级 b 的 a 岁人口数。b 通常小于或等于 l,而不能大于 l。这反映了完成高等教育和初中等教育人口之间的对比关系。

四、受教育程度的统计指标

平均受教育年限是综合反映一个国家或地区6岁(或15岁)及以上人口受教育程度的平均水平,其计算公式为:

$$平均受教育年限=\frac{\sum(达到某种文化水平所需教育年数\times达到某种文化水平人数)}{6岁(或15岁)及以上人口数}$$

(公式4.80)

“达到某种文化水平人数”按大学、高中、初中、小学和文盲、半文盲分别计算。“达到某种文化水平所需教育年数”可参考正规学校规定的学历年计算,即大学专科、本科及以上16年,高中(中专)12年,初中9年,小学6年,文盲、半文盲0年。

此外,还可以计算部分人口如劳动年龄人口、就业人口等的平均受教育年限。

第五章　人口统计数据发布与应用

第一节　人口统计数据发布

一、平常年份的数据发布

在非普查年份，人口统计数据会在《国民经济和社会发展统计公报》《中国统计摘要》《中国统计年鉴》《中国人口和就业统计年鉴》等渠道进行发布。

1. 年度《国民经济和社会发展统计公报》

在年度的《国民经济和社会发展统计公报》中，将公布上年末全国人口[①]及其构成，构成包括分城乡、分性别、分年龄段人口数量情况；公布全年人口自然增长情况，包括出生人口和死亡人口，以及对应的出生率、死亡率和自然增长率。

2.《中国统计摘要》

在年度《中国统计摘要》中，将公布年末人口数、人口出生率、死亡率、自然增长率、人口密度和城镇人口比重，人口年龄结构和抚养比，以及分地区年末常住人口数、分地区年末城镇人口比重等情况。

3.《中国统计年鉴》

在年度的《中国统计年鉴》中，会公布上年及历年人口方面的基本

---

①　全国人口是指我国 31 个省、自治区、直辖市和现役军人的人口，不包括居住在 31 个省、自治区、直辖市的港澳台居民和外籍人员。

情况,包括全国及31个省、自治区、直辖市的主要人口统计数据,如:全国历年人口数、城镇人口、乡村人口、出生率、死亡率、自然增长率,也包括上年各地区人口数、人口负担系数、家庭户规模、人口受教育程度等调查数据。

4.《中国人口和就业统计年鉴》

《中国人口和就业统计年鉴》是一部以全面反映我国人口和就业状况为主的资料性年刊,收集了全国和各省、自治区、直辖市人口就业统计的主要数据,同时附录了世界部分国家和地区的相关数据。

平常年份的人口和就业统计年鉴会涉及综合数据,以及全国人口变动情况抽样调查数据、劳动力抽样调查主要数据、城镇单位就业人员统计数据、全国户籍统计人口数据、世界部分国家及地区人口和就业统计数据、人口变动和劳动力调查制度说明及主要统计指标解释。

二、普查年份的数据发布

人口普查之后,人口数据发布渠道和内容更加丰富。人口普查数据会在普查公报、《中国统计年鉴》《中国人口普查年鉴》《中国人口普查分县资料》《中国人口普查分乡、镇、街道资料》和新闻媒体等渠道进行发布。

1. 普查公报

根据人口普查结果,国家统计局和全国人口普查领导小组办公室将面向全社会发布人口普查公报。

如在第七次全国人口普查之后,发布了《第七次全国人口普查主要数据情况》,以及《第七次全国人口普查公报(第一号－第八号)》。普查公报分别从普查工作基本情况、全国人口情况、地区人口情况、人口性别构成情况、人口年龄构成情况、人口受教育情况、城乡人口和流动人口情况、接受普查登记的港澳台居民和外籍人员情况等方面,公布第七次普查的普查数据结果。

2.《中国统计年鉴》

在普查后的《中国统计年鉴》中,会公布上年及历年人口方面的基本情况，包括全国及31个省、自治区、直辖市的主要人口统计数据，如：全国历年人口数、城镇人口、乡村人口、出生率、死亡率、自然增长率；上年各地区人口数、人口负担系数、家庭户规模、人口受教育程度等。

3.《中国人口普查年鉴》

普查后，将根据人口普查获得丰富翔实的资料基础汇总出版《中国人口普查年鉴》。

如《中国人口普查年鉴2020》汇总了第七次全国人口普查的数据资料，该书分为三个部分：第一部分是全部人口数据，主要反映人口的基本状况，分为八卷，共196张表；第二部分是普查长表数据，主要反映人口的各种结构情况，分为九卷，共218张表；第三部分是附录，主要是普查的有关规定和技术文件等。

4.《中国人口普查分县资料》

自2000年以来，历次普查后都会公开发布系统、翔实的县级大型人口数据资料。如《中国人口普查分县资料2020》是第七次全国人口普查编辑出版的专题数据资料之一，是人口普查资料开发利用的重要成果，它涵盖了2020年全国各县级单位的人口数量、结构以及家庭居住状况等多项指标。具体包括人口基本状况，分年龄、性别的人口，以及各年龄组人口比重、有老年人口的户数、户口登记地在外乡镇街道人口，人口受教育状况，各职业大类人口和各行业门类人口，人口婚姻状况和妇女生育状况，以及家庭户住房状况等。

5.《中国人口普查分乡、镇、街道资料》

《中国人口普查分乡、镇、街道资料2020》是第七次全国人口普查编辑出版的专题数据资料之一，是人口普查资料开发利用的重要成果，是自2000年以来历次人口普查都公开发布的一套反映中国小区域人口分布和人口规模的数据集，为进行微观人口研究，加强人口管理和开展社会调查提供了丰富的基础数据。

6. 新闻媒体发布

充分利用报刊、杂志等媒介平台，翔实宣传普查成果，助力普查成果的及时转化。

第二节　普查数据开发应用

一、普查数据出版资料

人口普查资料开发利用是人口普查工作的重要环节，是展示普查成果、发挥普查资料作用的主要途径。国务院人口普查办公室统一领导全国人口普查资料开发利用工作，主要负责全国人口普查资料开发利用的方案规划和组织指导。地方各级人口普查办公室负责本地区人口普查资料开发利用工作的规划和具体实施。

1. 编印人口普查数据资料

国务院人口普查办公室编辑出版全国人口普查主要数据资料、普查年鉴及分县、乡镇等专题数据资料。省级人口普查办公室在国务院人口普查办公室的统一组织下，编辑出版本地区人口普查年鉴，同时可根据本地区实际情况编辑出版人口普查专题数据资料。

2. 编写出版人口系列丛书

国务院人口普查办公室组织省级人口普查办公室撰写人口普查大型系列丛书，从人口的发展、性别年龄构成、老龄化、出生、死亡、婚姻家庭、受教育状况、少数民族人口、人口迁移、城镇化、居住状况、资源环境、人口展望等方面系统全面反映全国及各地近十年来的人口发展变化、人口与社会经济、资源环境协调发展等方面情况。

二、普查课题研究

1. 组织开展人口普查课题招标工作。国务院人口普查办公室面向全国各相关政府部门、科研机构、大专院校等单位，开展人口普查研究课题招标。同时，选定部分研究单位进行委托课题研究。根据需要提供与课题研究有关的普查数据，并设专项经费予以资助。课题结题后，印刷出版全国人口普查课题研究报告汇编。各地可根据本地实际情况，组织重大招标课题、合作研究课题和其他方式的自主性课题研究，对普查数据资料进行深入开发。

2. 组织召开人口普查国内科学研讨会，印刷出版《人口普查国内研讨会论文集》。

3. 组织召开人口普查国际科学研讨会，印刷出版《人口普查国际研讨会论文集》。

三、普查微观数据应用

国务院人口普查办公室整理制作脱敏后的普查微观样本数据库，提供给微观数据实验室，供各部门和学术机构研究使用，推进普查微观数据开发应用。有条件的省份可在做好安全管理的前提下，积极推进本地区普查微观数据开发应用。

第六章　劳动力调查概述

第一节　劳动力调查的目的和作用

一、劳动力调查的目的

劳动力调查是国务院决定建立的一项重要民生调查。由国家统计局组织各调查总队及各级统计调查机构实施，通过对全国城乡住户进行抽样调查，及时、准确地监测居民的就业和失业情况，能够为政府制定和调整就业政策，改善宏观调控，加强就业服务提供依据。

二、劳动力调查的作用

1. 劳动力调查是及时了解最基本民情的便捷通道。就业是最基本的民生。只有人民安居乐业，社会经济才能发展，国家才能长治久安。劳动力调查作为一项通过与老百姓面对面交流来了解他们就业失业情况的专项调查，可以最直接、最及时地反映老百姓的就业质量、就业意愿和面临的困难。可以说，劳动力调查是一条最便捷的民情上传通道，在党和政府全面了解就业这一最基本民情方面，发挥着无可替代的作用。

2. 劳动力调查是保持经济平稳运行的有力抓手。就业既是人们维持生活的基本经济活动，也是整个国民经济赖以维持发展的基本动力。从劳动力调查得到的调查失业率是各国反映宏观经济运行情况的四大指标之一。我国把稳定和扩大就业作为宏观调控的优先目标和经济运行合理区间的下限，因此调查失业率自 2018 年公布以来即成为《政府工作报告》中经济社会发展的主要预期目标之一。

3. 劳动力调查是科学制定就业政策的重要依据。党的二十大报告提出，要强化就业优先政策，促进高质量充分就业。全面了解就业情况，准确把握就业形势是制定就业政策的基本前提。劳动力调查可以全面、系统地提供就业数量、质量、结构及变动情况的第一手资料，是国家科学制定就业政策的重要依据。《中华人民共和国就业促进法》第四十三条明确规定："国家建立劳动力调查统计制度"，开展"就业、失业状况调查统计"。

4. 劳动力调查是精准提供就业帮扶的信息支撑。解决就业问题，需要政府提供高质量就业服务。但造成失业或没有工作的原因千差万别，有些人是因为信息不通畅找不到工作，需要政府提供更透明、及时的需求信息；有些人因为自身素质不能满足岗位要求，需要政府提供有效的职业培训；有些人因为照料家中老人、孩子无法脱身，需要政府推进社会化家庭服务等。通过劳动力调查，可以清晰地反映不同人群对就业服务的需求，为政府精准就业帮扶提供信息支撑。

第二节　历史沿革

从1994年国家统计局试点增加相关项目以来，劳动力调查经历了20多年不断的改进和完善，至今已发展成为一项较成熟的常规统计调查制度。

一、试点阶段：1994—2004年探索开展劳动力调查

1993年党的十四届三中全会通过了《中共中央关于建立社会主义市场经济体制若干问题的决定》，标志着我国进入社会主义市场经济建立期。随着市场经济体制的建立和发展，劳动力市场也发生较大变化，企业和劳动者成为劳动力市场主体，原有计划经济体制下的劳动统计制度迫切需要进行改革。1994年国家统计局成立人口与就业统计司，

积极探索全面反映劳动力市场的统计方法，全面推进就业统计工作，开启了组织实施劳动力抽样调查的新里程。1994 年全国 1‰人口变动调查中首次加入了“上一周工作时间”和“未工作状况”等反映劳动力就业状况的调查项目。1995 年全国 1%人口抽样调查中，增加了工作时间、行业、职业和不在业情况等调查项目。1996 年 5 月进行了劳动力抽样调查的试点。经过充分准备和前期试点，自 1996 年开始初步建立城镇劳动力调查制度，每年二、三、四季度进行三次调查，二、四季度在城镇范围进行，三季度结合全国人口变动情况抽样调查在全国范围进行。

这一时期的劳动力调查不进行单独的抽样，而是利用每年人口变动情况抽样调查所抽中的城镇样本进行。调查对象为调查范围内被抽中的住户中 15 岁及以上的常住人口。调查项目按户填报的主要有本户住址编码、户别、本户总人口、本户 15 岁及以上人口、本户 15 岁以下人口等 5 个项目，按人填报的有姓名、与户主关系、性别、出生年月、户口登记状况、受教育程度等个人基本信息和是否为取得收入而劳动、目前是否有工作单位或场所、暂未工作的原因、未工作的原因、寻找工作的方式、当前有无就业可能、是否下岗再就业、是否属离退休再就业、就业者身份、行业、职业等就业失业状况，合计共 18 个项目。调查方式为调查员入户访问并填写纸质调查表。调查的组织实施、数据处理工作由各省（区、市）统计局的人口就业处负责。各省（区、市）按照国家下发的录入程序和格式的要求，将检查无误的数据报送至国家统计局。国家统计局直接汇总推算得出全国数据。

二、全国年度调查阶段：2005—2008 年正式建立劳动力调查制度

随着社会主义市场经济体制的逐步完善和劳动就业制度改革的不断深化，劳动就业形势和政府对劳动就业进行管理的方式、方法发生了重大变化。为准确、及时、全面反映我国劳动力资源和就业情况，建立健全城乡就业和失业调查统计体系，更好地为国家宏观调控和制定就业政策服务，2004 年 9 月，国务院办公厅印发《关于建立劳动力调查制

度的通知》,国家统计局正式建立劳动力调查制度。2005年,结合1%人口抽样调查,首次开展了全国劳动力调查。虽然仍然与人口调查使用同一张调查表,但有关就业、失业的调查项目有了明显的增加。从2006年起,劳动力调查每年二、四季度进行两次,二季度样本在全国范围内单独进行抽取,四季度结合人口变动情况抽样调查样本共同进行。

这一阶段劳动力调查在抽样设计时即充分考虑到了兼顾人口变动和失业率的代表性,劳动力调查从借用人口调查样本进入到了与人口调查共用样本的新阶段。调查以全国为总体,以省级单位为子总体进行样本设计,采用分层二次整群抽样方法,以调查小区作为最终样本单位。调查对象调整为被抽中调查小区内的全部16岁及以上人口,包括调查时点居住在本户的16岁及以上人口和户口在本户,调查时点外出的16岁及以上人口。调查项目中户项目精简为户编号、户别、本户人数、备注4个项目。项目中个人基本信息增加了户口性质、婚姻状况等项目,就业失业状况调整为是否为取得收入而劳动、未工作原因、工作时间、劳动收入、工作单位或经营活动类型、就业身份、是否签订劳动合同、是否寻找工作、当前有无就业可能、不能应聘或未找工作的原因、行业、职业、技术等级或职称、参加社会保险情况、目前的主要生活费来源等,合计共27个项目。调查方式仍然为调查员入户访问并填写纸质调查表。调查的组织实施、数据处理工作继续由各省(区、市)统计局的人口就业处负责。各省(区、市)按照规定的格式和要求,将编辑、审核无误的调查数据报送至国家统计局。国家统计局加权汇总推算得出全国数据。

三、大城市月度和全国年度调查并行阶段:2009—2015年建立月度大城市劳动力调查制度

2008年,随着国际金融危机的冲击和蔓延,就业问题越来越引起党中央、国务院和社会各方面的高度重视和广泛关注。而一年两次的劳动力调查频率显然太低,无法及时准确地反映我国劳动力市场的变化

情况。为此,国家统计局果断作出决定,在原有全国劳动力调查正常开展的同时,从2009年3月开始,在31个大城市(4个直辖市和27个省会城市)开展月度劳动力调查。大城市月度劳动力调查以城市地区为重点,着重反映经济发达地区劳动力市场的变化情况,调查数据具有较高的时效性和灵敏性。2013年4月,为进一步提高调查的科学性、准确性和规范性,国家统计局对月度大城市劳动力调查制度又进行了改革和完善,适当扩大调查范围和样本,增加了34个经济比较发达、劳动力市场比较活跃的非省会城市,将开展调查的城市扩大为65个。同时,将全国劳动力调查每年减少为一次,形成了月度大城市劳动力调查和年度全国劳动力调查相结合的劳动力调查制度。

大城市月度劳动力调查以各大城市为总体单独进行样本设计,采用分层、三级、概率比例的抽样方法,以住户组作为最终样本单位。调查对象为被抽中住户中的全部16岁及以上的常住人口。调查项目分为按户填报的项目、按人填报的项目和抽中社区居委会(村委会)所在社区的失业登记情况。户项目有户编号、户别、本户常住人口数、本户常住人口中16岁及以上人口数、本户常住人口中16岁以下人口数等5个项目。人项目有姓名、与户主关系、性别、出生年月、户口登记状况、户口登记地、户口性质、受教育程度、是否为取得收入而劳动、未工作原因、是否想工作、是否寻找工作、当前能否工作、不能工作或未找工作的原因等14个项目,后期还增加了工作单位或经营活动类型、就业身份、是否签订劳动合同、行业、职业、参加社会保险情况等项目。失业登记情况包括本社区总户数、总人口数、登记失业人数3个项目。大城市月度劳动力调查制度建立之初,调查方式依然是调查员入户访问并填写纸质调查表,2013年扩大为65个城市开展调查之后,部分地区探索使用了利用手持电子终端(PAD)采集数据的方式。调查的组织实施、数据处理工作由各省(区、市)统计局组织各调查城市完成。各省(区、市)按规定的格式和要求将调查数据报送国家统计局。国家统计局加权汇总推算得出大城市劳动力调查主要数据。

四、全国月度调查阶段:2016年至今建立健全全国月度劳动力调查制度

2015年,为了更加全面、快速、准确反映全国劳动力市场变化,为加强和改进宏观调控提供数据支撑,国家统计局根据党中央的指示精神,围绕“扩面、增容、提质”的目标要求,对就业失业统计制度进行了重大改革,将全国劳动力调查和大城市月度劳动力调查进行整合,建立了全国月度劳动力调查制度。扩面是将调查范围从65个城市扩大到全国所有地级市,以满足统筹城乡就业的需要;调查样本由4.2万户扩展到约12万户,按照这样的样本量,可以更好地控制全国和分省调查失业率的相对误差,提高分组指标的代表性。增容,就是增加调查内容,如增加反映高校毕业生和农民工等重点人群就业创业的项目,增加反映结构性、区域性特点的项目,增加反映不充分就业和就业质量的项目,力争使调查数据内容更加丰富。提质,是调查员全部使用电子终端(PAD)直接入户采集数据,并通过统一的联网报送平台进行报送,国家统计局直接汇总数据;同时通过强化调查过程管理、加强数据评估等措施,提高数据质量,确保数据真实准确。全国月度劳动力调查制度改革实施后,2015年下半年组织了六次试调查,2016年1月起开始正式在全国范围内组织实施。2019年,为适应新时代高质量发展需求,加强就业市场监测,同时减轻基层工作负担,全国月度劳动力调查制度进行了进一步优化,一方面补充增加了反映就业质量、创业、新就业形态等方面的调查项目,删减了一些不常用的项目,另一方面对原有抽样方法进行了改进,整合了调查样本。2021年,为加强分地区就业失业监测,劳动力调查利用第七次全国人口普查数据开展了新一轮抽样,同时大幅增加样本量,以增强分省月度数据的代表性。扩样改革后,调查样本几乎覆盖全国所有区县,全国月度劳动力调查正式更名为劳动力调查。

第七章　劳动力调查主要内容

第一节　调查范围、频率、样本轮换

一、调查范围及样本量

劳动力调查采用抽样调查的方法，每月全国范围抽取约 34 万户住址进行调查，样本覆盖全国所有市（地、州、盟）的几乎所有县（市、区、旗）的城镇和乡村地区（不包括港澳台地区），涉及 2.1 万个社区（村），每个抽中社区（村）每月调查 16 户。调查户地址由国家统计局在规定的时间推送至调查员的 PAD 上，不允许随意更换住户地址。

二、调查频率

调查频率为月度。每月 10 日零时为调查时点，调查员每月 10～16 日进行入户调查，对被调查者在调查时点前 7 天即调查参考周的就业失业情况进行询问登记。为方便调查，每年受法定节假日影响的月份，调查时点和入户登记时间会作相应调整。

三、样本轮换

调查户每月按一定规则在本居（村）委会范围内进行轮换。每个调查户连续调查两个月，第二年相同月份再连续调查两个月，之后退出调查。第一次调查称为新户，第二次调查称为老户，隔年第三次调查由于时间间隔较长，情况发生较多变化，仍称为新户，第四次调查为老户。

每月调查有50%新户,50%老户。

第二节　调查对象

劳动力调查以住户为调查单位,既包括家庭户,也包括集体户。调查对象既包括调查时点在抽中户居住的人,也包括抽中户户籍人口中外出不满半年的人口。

一、其他应登记人员

1. 因出差、旅游、探亲、夜班或生病住院等原因临时外出人员。

2. 在外工作或学习,每周或每月定期返回家中的人员。

3. 有些人虽不在本户户口本上,但长期作为一户生活的,也视为本户户籍人员。如结婚后户口未迁来、父母与子女已分家,但长期吃住在一起。

4. 家庭旅馆(客栈、民宿)如客人长期居住则需要登记,如旅馆老板和服务人员居住于店内也需要登记。

5. 春节假期或其他时间由外地返回老家,之前失去原有工作(辞职或被辞退)的人员,包括建筑工地结束工期的工人。

二、不登记人员

1. 现役军人、在押犯人、出国定居人员、外国人。

2. 在外地已成家立业,因旅游、探亲等原因在调查时点暂住本户的人员。

3. 已成家分户居住、挂靠本户户口的人。

4. 春节放假或临时由外地返回老家,之后仍回原单位正常工作的人员,在老家不需登记。

三、高校学生宿舍寒暑假登记办法

1. 提前联系好将要调查的宿舍,规定时间进行电话调查。

2. 必要时可以在学校校园内拦访学生，人数要与宿舍平常住的人数一致。

第三节 抽样方法

劳动力调查采用分层、二阶段、与住房单元数多少成比例(PPS)和随机等距相结合的方法，抽取初级抽样单元和住房单元。

一、抽取初级抽样单元

在每个省(区、市)，按城乡分层，采用与住房单元数多少成比例(PPS)方法抽取预定数量的初级抽样单元。

二、抽取住房单元

在抽中的初级抽样单元内，将住房单元按照地理位置相邻原则，编成4户一组的住户组，按照随机等距原则抽取住户组，确定抽中的住房单元。

三、样本量的确定

根据抽样设计，综合考虑人口结构、抽样设计效应、调查力量配置、经费保障等情况，确定全国及各省(区、市)样本量。全国每月共调查约34万户，每个初级抽样单元每月调查16户，共涉及约2.1万个初级抽样单元。在保证抽样代表性的基础上，样本量与基层调查力量、调查对象负担、经费保障相适应。除个别人口较少的省份外，大部分省份初级抽样单元数量在700～800个之间。

第四节 调查项目

劳动力调查项目分为住户信息、个人信息、工作情况和无工作情况

4 个模块。各模块调查项目视经济形势和就业市场运行情况酌情调整，部分月份增加重点群体有关项目。主要调查项目如下：

一、住户信息模块

户别、调查时点居住在本户的人口数、本户户籍人口中外出但不满半年的人口数。

二、个人信息模块

姓名、与户主关系、性别、出生年月、户口登记地、住本户时间、户口所在家庭是否有农村土地承包经营权、婚姻状况、受教育程度、毕业时间。

三、工作情况模块

您在调查时点前一周：是否为取得报酬工作过 1 小时以上、是否有工作但没上班、有工作但没上班的主要原因、1 个月内是否会返回原工作、是否帮助家人生产经营无报酬工作 1 小时以上、是否有兼职、总共工作时间、主要工作时间、当前主要工作已干了多长时间、行业、职业、工作单位或生产经营活动类型、就业身份类型、是否签订劳动合同、是否缴纳社保、是否主要依靠平台或中间商的订单进行生产或服务、是否是公司或个体经营的创建者、创建时间、创建单位从业人数、上月工作报酬或经营净收入、是否通过互联网开展或承接业务、是否想增加工作时间、能否在 2 周内开始工作更长时间等。

四、无工作情况模块

近期是否找过工作、找工作主要方式、已找工作多长时间、不找工作的主要原因、如有合适的工作能否在 2 周内开始工作、暂时不能开始工作的主要原因、是否想工作、上一份工作结束时间、结束上一份工作的主要原因、上一份工作行业、上一份工作职业。

第八章 劳动力调查组织实施

第一节 调查组织实施

一、各级统计机构工作职责

国家统计局的职责。国家统计局人口和就业统计司负责劳动力调查方案的制定；负责各省（区、市）村级样本单位和样本户的抽取工作；负责与国家统计局数据管理中心共同完成数据采集PAD程序和数据处理平台的研制；负责数据质量控制；负责全国和各省（区、市）调查数据的加权汇总；负责全国调查失业率相关数据的发布和解读工作。

各调查总队的职责。各省（区、市）调查总队相关处室负责指导抽中样本点的市级或副省级、县级统计调查机构完成样本点核实、摸底、样本框编制及维护工作；负责市级或副省级、县级统计调查机构人员的培训和调查业务指导；负责指导市级或副省级、县级统计调查机构做好调查员的选聘、培训和管理工作；负责数据质量控制；负责调查数据的审核、验收；负责本省（区、市）调查失业率相关数据的发布和解读工作；负责市级或副省级、县级统计调查机构业务工作考核。

市（地、州、盟）调查队的职责。各市（地、州、盟）调查队相关处/科室负责指导各县级统计调查机构做好调查员的选聘、培训和管理工作；负责指导各县级统计调查机构完成样本点核实、摸底、样本框编制工作；负责样本点维护管理工作；负责指导调查数据的编码、审核、验收；负责各县（市、区、旗）数据质量控制；负责将本市（地、州、盟）内所有县

(市、区、旗)劳动力调查专业年度考核意见提供给调查总队和省统计局。

县(市、区、旗)调查队以及未设国家调查队的抽中县(市、区、旗)统计局的职责。负责调查员的选聘、培训和管理工作;负责指导调查员完成样本点核实、摸底、样本框编制工作;负责样本点维护管理工作;负责本辖区数据质量控制;负责本辖区调查数据的编码、审核、验收。

二、调查员管理

1. 调查员的选聘

原则上每个被抽中社区(村)配备一名调查员,调查员队伍要保持相对稳定。调查员可从统计系统和基层组织人员中选调,也可从社会招聘。应当与符合聘用条件的调查员签订聘用协议。对于辖区面积过大等原因导致需配备多名调查员的社区(村),需要制定相应的管理制度,确保调查质量,按时合理发放调查员补贴。

2. 调查员的培训

各级统计调查机构要加强对调查员的培训,制定调查员培训计划,保证足够的培训时间,应尽可能减少培训层级,以提升培训效果,年度培训由市(地、州、盟)调查队直接对调查员进行,提倡调查总队直接面向调查员开展一级培训。培训教程规范、重点突出、有针对性、通俗易懂,考查培训效果,并做好记录。建立常态化网络培训系统,及时指导基层调查机构和调查员工作。调查员培训并考核合格后才能上岗,上岗前需熟练掌握调查内容、指标含义、调查技巧和PAD操作方法。调查员变动时,必须对新任调查员进行业务培训,不得由未经培训的人员承担调查任务。各级统计调查机构要加强对调查员工作的监督检查。

3. 统一办理调查证

为每一位在岗调查员办理统计调查证。调查证不得随意涂改、转借、毁损,不得用于非劳动力调查的活动。不再从事劳动力调查的调查员及时交回调查证,丢失或毁损应及时报告,交回损坏证件,并补发新调查证。

4. 严格按照调查制度开展调查

督促调查员按照制度规定的流程、指标解释开展调查，不得随意简化工作流程，遇到特殊情况和问题要及时请示汇报。

5. 确保调查员待遇

制定相关的制度，按时足额发放调查员补贴，并确保调查员能得到相关补贴。有条件的地方可为调查员办理人身意外伤害保险，保障调查员调查期间的人身财产安全。

三、宣传工作

入户登记前，要在社区张贴由国家统计局统一印制的劳动力调查公告，并将《致劳动力调查户的一封信》发放至调查户；入户登记时，要将宣传品发放至调查户。

四、样本维护

样本维护是指根据工作需要对样本社区(村)进行核实、摸底、整理底册、替换样本社区(村)、增加备选户等。

1. 换社区(村)

当社区(村)因拆迁、搬迁、自然灾害、威胁人身安全等因素确实无法参与调查的，可申请替换。

换社区(村)要求遵循相似原则，即一般情况下，城乡分类三位代码与换出村一致，与换出社区(村)的人口和就业规模、结构相似，地理位置接近。对于为新建住房进行大面积拆迁而导致的换社区(村)，还需满足以下条件：与换出社区(村)同区县，且社区(村)内5年内新建住房占全部住房的比例在30%以上。

2. 整理底册

当社区(村)发生如下情况时，应当申请整理底册。(1)社区(村)内有新增或拆迁居住建筑物。新增居住建筑物且入住率达到一定标准时，应将新增部分纳入摸底范围；部分居住建筑物拆迁时，拆迁住户占原有住户比例达到10%时。(2)社区(村)管辖范围发生变化，根据调查实际，有拆分社区聘请多名调查员分开调查的需求时。(3)社区(村)门牌号发生大规模变更，无法根据原有住房单元地址查找住户。(4)调查或调研过程中，发现原有摸底工作不规范，存在遗漏、错编等情况。

整理底册要求：如果在底册中剔除已拆工棚，要将同区县内可稳定调查的工棚等量补入底册。整理底册时注意：(1)不可删除、修改原底册中已填写的任何信息；(2)标记删除的住房单元的地址、数量要与前期上报的申请表及相关情况说明一致；(3)拆分社区时注意拆分后社区码和拆分后社区名称要一一正确对应，杜绝出现一对多、多对一等问题；(4)要保证底册整理前后村级单位数量一致、各村住房单元数量一致(新建住房纳入底册的情况除外)。

3. 增加备选户

为规范样本维护、避免随意换户，原则上当剩余备选户比例低于20%或不足未来两个月调查时可申请增加备选户，如有特殊情况必须详细说明。

$$\text{剩余备选户比例}=\frac{\text{剩余备选户数}}{\text{总备选户数}}\times 100\%$$

其中，总备选户数为该村初次调查以来所有备选户数。

换社区(村)、整理底册、增加备选户应遵循如下程序：

(1)市县级统计调查机构监控社区(村)情况，在需要时向调查总队提出书面申请。社区(村)申请替换、整理底册时，应附能证明社区发生相应情况的相关文件、照片；社区(村)申请增加备选户时应说明备选户使用情况。

(2)调查总队审核、汇总各市县情况后，向人口司提出书面申请。社区(村)替换、重新摸底应提前两个月申请，增加备选户应提前一个月申请。

(3)人口司批准社区(村)整理底册后，市县级统计调查机构应指导调查员按规范完成整理底册工作，总队负责把关。

4. 几个常见问题

(1)当地政府统一设立或调整社区等原因，导致样本社区范围和七人普时发生变化，是否按照调整后社区范围开展调查？

答：调查范围保持不变。根据抽样设计，抽中社区的调查范围是固定的。后续因行政归属调整而改变调查范围是不科学的。用调整后的社区范围匹配调整前的抽样设计会导致样本框不全面，有重叠也有空白。

(2)样本社区内，公司搬迁导致公司集体宿舍无人居住，是否将该宿舍从底册中剔除？

答：不在底册中剔除。此宿舍目前无人居住，不代表后续无人居住，如果从底册中剔除，以后有人入住也调查不到。

(3)为什么工棚拆除后，从底册中剔除时还需新补入等量工棚？

答：工棚内居住的大多数为外来农民工，流动性较高，是劳动力市场中极具代表性的群体。工棚一般出现在拆迁地域，但从目前申请看，各地拆迁申请相对较多，后期纳入工棚申请较少，因此为保证调查覆盖所有劳动力人群需在剔除工棚时以就近原则新补入等量工棚。

(4)为什么对于为新建住房进行大面积拆迁而导致的换社区(村)，需要换入社区(村)满足 5 年内新建住房占全部住房的 30％以上的条件？

答：在理想的情况下，我们应继续调查原范围，但考虑到实际，在拆迁中开展调查难度极大，所以要换入一个相似的社区(村)，原社区(村)明显特点是未来有大量新建住房，因此要换入一个有一定数量新建住房的社区(村)。

五、样本核实

样本核实是指每月入户登记前，调查员对 PAD 推送的样本进行核实，查看地址是否正确，是否有人居住，必要时进行换户、空户操作，并与住户约定入户调查时间。

样本核实时间为调查时点前一周(通常为3～9日),应遵循如下工作流程:

1. 通过PAD接收本月调查程序、制度、底册,并确保版本无误。

2. 在社区显著位置张贴劳动力调查公告,告知本社区居民即将开展调查。

3. 核实PAD推送的样本,查看地址是否存在、是否正确、是否有人居住。

4. 地址正确且有人居住的,向住户做好劳动力调查宣传解释工作,并与住户约定入户时间。地址错误或确定无人居住的,新户可做换户处理,并对换入户继续核实;老户因搬迁等原因无人居住,做空户处理。

样本核实时应做到:

1. 不得随意换户。为保证调查样本的代表性和有效性,样本核实阶段,必须如实确认住户居住情况,不得根据工作开展难易程度随意更换住户。

2. 谨慎确定无人居住。样本核实中遇到无人在家的情况时,不可简单认定为无人居住。调查员应在不同时段多次上门,并结合住户门前卫生状况、电表是否有跑字、向邻居或物业公司了解等多种方式来判断,也可以通过电话、网络等方式联系住户,以确定是否有人居住。确实无法判断的,可先不做换户、空户处理,在入户登记时再次登门确认。

3. 争取支持配合。要做好调查宣传工作,积极争取支持配合。

六、数据采集

数据采集是指调查员利用PAD入户面访采集住户信息,并实时审核、上报的过程。调查员培训并考核合格后才能上岗。

1. 要遵循房不漏户、户不漏人、人不漏项、项不出错的原则开展工作:

(1)按照核实后的地址入户访问登记。不可电话调查、熟人代答,不能照搬社区（村）的户籍档案或行政记录，老户不能照抄上月报表。如遇特殊情况确实无法入户访问的，申请其他调查方式。

（2）使用 PAD 填写上报。入户登记时，需使用 PAD 填写问卷，并由被访者签字确认，并及时上传。不可使用纸质问卷，不可后期补录 PAD。

（3）规范增户操作。若一个住房单元内有多户居住，则需进行增户操作，并规范填报每一户信息。

（4）掌握指标含义和访问技巧。调查员应熟悉制度中各项指标含义，掌握填报要点，有技巧地询问、追问，带动被访者合作完成调查。

（5）现场进行数据审核。出现强制性审核错误，必须对错误项目进行核实修改；出现确认性审核提示，须对异常项目进行核查，若情况属实，可忽略并在表尾的备注栏中填写相关说明。

2. 入户调查前应做好如下准备工作：

（1）沟通协调。提前与有关管理部门进行沟通，如与社区（村）干部、楼门组长、物业管理人员、协管员等建立联系，减少入户阻力。

（2）择时入户。入户时间应以方便住户为原则，考虑劳动力人口（尤其是青壮年人口和流动人口）可以接受访问的时间，有条件的可与住户提前预约，尽量减少对住户的打扰。

（3）物资准备。调查员要佩戴调查员证件，携带《致调查户的一封信》、入户礼品（宣传品）、PAD 等工作必需品，还可准备一些鞋套、手电、充电宝、雨具等用品，以备雨天、夜晚入户的需要。

3. 入户时，调查员要做到衣帽整齐，彬彬有礼，树立良好的第一形象。

（1）入户开场白要简明扼要，表明身份，说明来意，及时递上入户礼品。当住户对调查不了解心存疑虑时，要及时解释说明，出示调查员证件，告知为调查对象保密的纪律要求，打消调查对象的疑虑，争取配合支持。

（2）询问问题时，要注意问话的方式和语气，语言委婉尊重，符合当地习俗，避免先入为主和提示性询问。对于被访者回答模糊或理解困难的问题，要适时追问，得到详细准确的答案。

（3）调查完毕，应对被访者表示感谢，告知电话回访事项，如果还需再次入户，要预约下次登门时间，为下次访问做准备。

七、行职业编码

行职业编码是指市县级统计调查机构（直辖市可为乡镇级）在调查数据上报后根据行职业描述进行编码。

行职业编码操作在联网直报平台自动赋码系统中进行。若自动赋码系统未推荐合适的编码，应查找相关标准选择正确的编码，不可简单粗糙、随意编码。针对行职业描述模糊无法编码的，应与调查员确认，修改相关描述后再行编码。

行业编码参考资料：国民经济行业分类（GB/T4754—2017）；2017年国民经济行业分类注释。

职业编码参考资料：（1）《中华人民共和国职业分类大典（2022年版）》；（2）职业分类与代码（GB/T6565－2015）。

第二节　调查质量控制

一、事前质量控制

1. 样本框维护

为避免样本框老化，要及时按要求进行样本框维护。注意核查初级抽样单元与实际是否一致。核查样本区域边界是否符合实际，是否存在随意划入、划出样本区域的情况；样本区域的名称、代码发生变化的，是否准确更改；因拆迁或其他原因无法调查，更换村级样本的，情况是否属实。核查建筑物和住房单元是否据实新增或删除。

2. 调查样本核实

为保证调查样本的科学性，要按时按要求进行样本核实，注意核查调查住房单元与实际是否一致。通过实地走访观察抽中调查点调查户，判断该住宅是否为抽中住宅，实际地址与平台推送地址是否一致。重点关注换户率、空户率高或长期无换户的社区（村），判断是否存在随意换户空户现象。

二、事中质量控制

数据上报期，现场通过程序审核后直接上报至国家统计局联网直报平台，各级统计机构实时对数据进行随报随审。具体方式如下：

1. 平台核查

通过联网直报平台数据核查、审核错误查看、采集监管等功能，查看样本数据整体结构是否合理、协调，波动是否异常；户表、人表数据是否存在逻辑错误、奇异值；重要指标是否存在填报错误；核查相邻月同样本数据，评估是否照搬历史记录；核查音频、定位、入户时间等信息，辅助判断是否真实入户；核查审核错误，判断是否存在未修改错误数据、未说明异常数据。

2. 人工核查

从联网直报平台导出人记录和户记录数据，核查备注信息是否规范，与指标数据逻辑关系是否冲突，行职业描述是否规范，以及其他不符合常识、常理的可疑情况。

三、事后质量控制

1. 电话核查

根据联网直报平台数据，随机抽选调查对象，采取直接电话回访的方式进行核查，比对是否与平台数据一致；或直接向调查对象求证可疑数据，是否与真实情况一致。

2. 现场核查

通过召开座谈会、查阅工作记录、入户陪回访等方式，判断问卷指标理解和现场询问是否到位，核对上报数据是否与真实情况一致，及时反馈或现场纠正发现的问题。

第三节　案例分析

1. 劳动力调查登记对象怎么确定？

答：劳动力调查以户为单位进行登记，既调查家庭户，也调查集体户。应在被抽中户中登记的人是：①调查时点居住在本户的人。②本户户籍人口中，已外出但不满半年的人。

2. 入户调查时，不要漏登哪些人？

答：(1)因出差、旅游、访亲、夜班或住院等原因临时外出人员；(2)在外工作或学习，每周或每月定期返回家中的人员；(3)虽不在本户户口本上，但长期作为一家人共同生活的人员；(4)住家保姆；(5)家庭旅馆(客栈、民宿)居住于店内的老板、服务人员、长期居住的客人；(6)春节前或其他时间失去原有工作(辞职或被辞退)回老家的外地务工人员，包括建筑工地结束工期回家的工人。

为了做到户不漏人，不知道该不该登记的情况下，一律做登记处理。

3. 入户调查时，哪些人不需要登记？

答：(1)现役军人、长期在国外人员、在押犯人、外国人；(2)已成家分户居住的人；(3)挂靠本户户口的人；(4)在外地已成家立业，春节回老家探亲或临时返回户籍登记地的人。

4. 如何判定一户为空户？

答：不能简单将找不到人的住房认定为空户。可通过观察住户门前卫生状况或向邻居打听该户是否有人居住，同时结合从物业或门卫那里获取的信息，来判定是否空户。

5. 调查员在样本核实中发现空户应如何处理？

答：调查员在样本核实中，当发现新户状态为空户时，须告知县级统计调查机构业务人员有关情况并询问换户密码,按规定进行换户处理;如老户状态为空户,设置为空户即可。调查员应据实选择换户和空户原因。

6. 同一户人家买了两套房均被抽中了(如户编号分别为001、002)该如何处理?

答:遇到这种情况可只调查其中一个地址(如户编号为001对应的地址),并将该家庭所有应登记人口填报在这个地址对应的户中。将002户进行换户操作,然后对新换户入户调查。

7. 如果住在某个抽中住房单元的住户搬家了,是要继续追踪该住户还是调查新搬来的住户?

答:当原来的住户搬离该房屋时,不需要追踪原住户,只需调查新搬进来的住户即可。

8. 调查点拆除或新建建筑物怎么办?

答:各市县统计调查机构需要定期对居(村)委会地域内的住房单元进行清查,对建筑物清单和住房单元列表进行更新,去除拆迁的住房单元,补充新建的住房单元。并按要求将有关文件资料上报至总队劳动力调查处。

9."调查时点前一周"是指上周一至周五吗?

答:"调查时点前一周"是指调查时点前的7天时间,一般为每月3日~9日。由于春节、国庆节等法定节假日原因,当月调查时点可能有变动,调查参考周时间也会相应调整。

10. 第一人一定要填户主吗?

答:是的。户主按家庭日常生活习惯确定,并不一定是户口簿上的户主。对于集体户,可任选一人作为户主。

11. 如何判断户口所在的家庭是否有农村土地承包经营权?

答:指本人户口登记地在农村地区或以前的农村地区,本人或户口所在家庭的成员曾经是农业户口,目前本人户口所在的家庭拥有土地承包经营权。这里的家庭指本人户口所在的家庭,以户口本为标志。

本人单独一个户口本的，则按本人情况填报。如果某人名下没有土地，但其父母名下有土地，且该人户口与父母在一个户口本，那么该人圈填“有”。如果夫妻双方有一人名下有土地，双方户口在一个户口本，那么两人都圈填“有”。

12. 在校初高中、本科和研究生学生的受教育程度应该如何填报？

答：全日制接受教育的，无论是在校、毕业、肄业或辍学，都应填写相应的教育程度。

13. 在职电大、研究生的受教育程度应该如何填报？

答：在职接受电大、研究生等继续教育的，毕业生按已完成学历填报，肄业生、在校生按原受教育程度填报。

14. 哪些不属于劳动力调查中所指的“工作”？

答：(1)不以取得报酬为目的的义务劳动、公益性劳动，例如到乡村小学志愿教课、到社区慰问照顾老人、进行宣传义卖等；(2)日常料理家务；(3)自给自足的农产品、家用品生产或家庭自我服务活动，如自己种的粮食、蔬菜、养的鸡全部用于家人或送给亲朋好友食用，给自家盖房、打家具等。

15. 领取离退休金的人员，如何填写 F10？

答：首先不能因为被调查人是退休人员就直接圈填“否”。要根据其在调查周内是否有为取得报酬工作了 1 小时来判定，如果有，圈填“是”；如果未做任何有收入的工作，则圈填“否”。已退休且不再继续工作的人员不属于有工作。

16. 大学生利用课余时间做兼职工作，是否算“为取得报酬工作”？

答：大学在校生如果从事以赚取劳务报酬为目的的工作，如促销员、家教等，就算为取得报酬而工作。如果是公益性质的活动，如到乡村小学志愿授课、到社区慰问照顾老人、进行宣传义卖等，则不算为取得报酬而工作。

17. 靠打麻将、炒股等方式赚取收入，是否算“为取得报酬工作”？

答：专职打麻将挣钱、用自有资金炒股或炒汇等，不算有工作。使用他人资金炒股或炒汇，收取佣金，则应算"为取得报酬工作"。

18. 靠出租房屋获取收入的人如何判断是否工作了？

答：单纯靠出租房屋收取租金生活的人，不能算有工作。如果在出租的房屋中有某些服务性的劳动（如为家庭旅馆整理房屋、茶坊中看场等）就算有工作。

19. 被调查人自称打零工该如何归类？无固定场所、无固定工作时间、无固定收入的人如何填写 F10、F11？

答：如果以打零工为主要生活来源，平时在劳务市场或网络平台寻找零活干，调查时点前一周未接到任何零活，属于无工作，F10 项应该圈填"否"；同时，也不属于在职未上班一类，F11 项也圈填"否"。

20. 与原单位未解除劳动关系，在家待岗人员如何填写 F11？

答：对于未与原单位解除劳动关系，在原单位已无工作岗位并不再领取工资或仅领取生活补贴的下岗人员，在调查时点前的一周中未从事任何工作的，应圈填"否"。

21. 仅领取生活费、补贴算不算未上班期间有工资收入？

答：不算，应列为未上班期间没有收入，F13 圈填 b。

22. 实习生、学徒如何填写 F10？

答：如果实习生、学徒与单位有书面的或口头的关于劳动报酬的协议或合同，那么应该圈填"是"；如果仅以学习为目的，并未取得劳动报酬（可能单位提供食宿交通费），则圈填"否"。大学生在某公司实习，若实习是为了完成学校要求，以拿到实习经历证明为目的，则不属于工作；如果为了取得一定的收入而实习，属于工作。

23. 某人在家照顾不满周岁的孩子，为增加收入做微商卖儿童用品，虽然每天都在朋友圈推销商品，但未卖出任何商品，F10 如何填写？

答：只要为获取利润而实际从事各种生产、经营和服务性活动，调查时点前一周工作时间在 1 小时以上，就属于就业，F10 应圈填"是"。

24. 某人有些手艺，并以此为主要生计，自己不主动出去找活，周围的熟人和朋友都知道他能干活，有事情就会来找他，没人找就在家闲

着。如何判断此人的工作状态？

答：如果该人在调查时点前一周干了活，F10 圈填“是”；如果没有干活，F10、F11 均圈填“否”，F31 是否找工作圈填“是”，因为该人虽未主动找人介绍活干，但“亲朋有活都会找他”也属于找工作方式中的委托亲戚朋友介绍。

25. 对于人事关系已在某单位，但本人因各种原因尚未报到的，有工作但没上班/干活的主要原因是什么？

答：F12 应圈填“请病假或事假（包括探亲、婚丧、工作交接等假）”。

26. 什么是无酬家庭帮工？

答：是指在调查时点前一周，在本家庭成员或亲戚经营的公司、企业或生意中，从事没有报酬的生产或服务 1 小时以上的人，也包括分担家人的有酬工作。尽管家庭帮工本人没有劳动报酬，但其工作为家庭增加了收入，这也是工作的一种形式。需要强调的是，如果仅帮助照料家庭、照顾老人等，而不是参与家庭或家人的生产经营活动，不属于家庭帮工。

27. 给自家企业帮忙，给子女照看店面、经营管理家人的公司等，但不取得劳动报酬，这类人是否算“为取得报酬工作过”？

答：不属于“为取得报酬工作过”，F10 圈填“否”，F11 圈填“否”，F14 圈填“是”，F21 就业身份是“无酬家庭帮工”。

28. 季节性歇业算不算有工作未上班？

答：从事农林牧渔、旅游业等季节性工作，在季节性歇业期间，如果相关生产经营停止了、工作岗位不存在了，就属于未工作状态，F10、F11 都应圈填“否”。如果仍有工作岗位或生产经营还在进行中，只是调查时点前一周临时没有工作或干活，F11 圈填“是”，F12 圈填“临时停工”。

29. 处在季节性歇业状态的农场职工如何填写 F11 项？

答：如果农场职工在季节性歇业期间，仍有工资收入，F11 可圈填“是”，否则同季节性歇业期的农民一样圈填“否”。

30. 有承包土地的农民如何填写 F10、F11 项？

答:(1)如果有承包土地的农民在调查参考周从事农活或其他工作超过1小时,并且不全是自产自用,则F10圈填“是”;如果农业生产所得产品完全是自产自用,不出卖以换取收入,则不属于工作,F10圈填“否”;(2)如果目前正处在农忙季节,有耕种土地但上周没有干任何农活,也没有外出打工或从事其他任何有收入的工作,则F10圈填“否”,F11圈填“是”,F12圈填“临时停工”;(3)如果是农闲季节歇业,也没有外出打工或从事其他任何有收入的工作,则F10圈填“否”,F11圈填“否”;(4)如果外出打工,但未从事任何工作,则F10圈填“否”,F11圈填“否”。

31. F18所在单位/个体经营户主要生产经营活动如何填写?

答:指从事的行业。既要填写单位名称,也要填写单位的主要产品或从事的主要服务,没有单位的,可以不填。主要产品或主要服务要详细填写,用动宾词组表达,如“生产服装”“销售服装”“送外卖”“当滴滴司机”,不能简写为“服装”“司机”。务农人员不能笼统填写“农业”,要具体填写“种粮食”“养猪”等农业生产活动。保密单位,填写公开使用的名称和公开的主要产品或主要服务。不能出现“做家务”“家庭主妇”“带孩子”“炒股”等不属于工作活动的描述。

32. F19具体做什么工作如何填写?

答:指从事的职业。填写要具体、详细,不能笼统地写“工人”“农民”“职员”“雇员”“公务员”“工程师”等,应具体填写实际工作种类,如“铸轧工”“捕鱼”“办公室文秘”“统计人员”“通信工程技术员”等。具有中级以上技术职称的行政领导人员,填写行政领导职务;同时担任两个以上职务的领导干部,填写主要职务。不能出现“做家务”“家庭主妇”“带孩子”“炒股”等不属于工作活动的描述。

33. 经营农村家庭承包地包含哪几个要素?

答:在自家承包的农村土地或自己开垦的荒地、从事农林牧渔业活动、以自营劳动为主。

34. 居委会、村委会属于哪种类型单位?

答:F20 选择⑦其他类型法人单位。

35. 农忙的零工(麦客)、家教或小时工,F21 如何归类?

答:如果没有与中介公司签订劳动合同,则归类为自营者。

36. 小王经营一家早餐店,他本人主要负责厨师的工作,另外雇一人负责收银和服务员的工作,小王 F21 就业身份属于哪种类型(雇主还是自营者)?

答:小王雇用了一名服务员,应该选择“雇主”。“雇主”的特征是雇用其他人为自己工作,并向被雇用者支付工资;“自营者”的特征是既不被雇也不雇用他人。

37. 小刘为某部门公务员,其认为未与单位签订过劳动合同,F22 题如何填写?

答:公务员岗位是一项稳定的、无固定期限的工作,享受国家的劳动保障,如果没有违反相关条例,不得随意解雇。所以 F22 应圈选“是”,F22.1 应圈选“a. 无固定期限合同”。

38. 如何理解 F25“本人(非单位)是否主要通过线上或线下中间商的订单进行生产或服务”?

答:强调本人依靠承接订单来工作,如果没有中介平台或中间商的订单,就不能或几乎不能进行这份工作,本人与平台或中间商之间是商业合同关系,不是劳动合同关系。比如,滴滴快车司机依靠滴滴平台的用车订单进行工作,美团外卖骑手依靠美团平台的送餐订单进行工作;通过中间商承接软件分包业务、家居保洁业务、网络写手等工作;通过固定包工头承接木工活,且按每份活单独计价的木工。

种植生产各种作物的农民或养殖户,如果与固定收购商有提前约定的生产合同,圈填“是”。例如承接奶制品企业订单生产牛奶的奶农。

如果雇员所在的公司企业主要是依靠中间商的订单进行生产或服务,而不是雇员本人直接承接订单,则雇员圈填“否”。

39. 如果上月没有获得劳动报酬,应如何填写?

答:劳动报酬填写不能为空,数字最低为 0 元。如果上月没有得到劳动报酬,可填写最近月份的劳动报酬;按年或不同周期获得劳动报酬的,应折算出月平均劳动报酬;刚开始工作尚未获得劳动报酬的,可填写合同、协议或预计的劳动报酬;实物报酬要折合成现金填报。雇主和自营者的经营净收入可以为0元。

40. 小孙复习公务员考试已有半年,未进行其他求职活动,F31如何填写?小张两个月前辞职后,正在找寻店面准备自己创业,未进行其他求职活动,F31如何填写?

答:小孙进行公务员考试复习,也是在求得公务员工作岗位,F31题圈填“是”,F31.1圈填“b.为找到工作参加培训、实习、招考”;小张在为自己创业做准备,也是找工作的一种方式,F31题圈填“是”,F31.1圈填“a.为自己经营做准备”。

41. 开始找工作(或等待未来3个月内会开始的工作)时间如何计算?

答:如果以前从没工作过,从第一次找工作开始算起;以前工作过的人,从失去工作后,第一次开始找工作算起;如果找工作行为在失去工作前,从失去工作开始算起;学生从毕业后第一次找工作算起;等待被召回原岗位或等待原工作复工的人,从结束原工作开始算起。此项决定失业时间,一定要认真询问。

42. 上一份工作结束时间能否短于开始找工作的时间?

答:不能。

43. 调查中遇到不找工作原因、不能工作原因是照顾家庭的应如何处理?

答:对于申报照顾家庭的人要从严掌握,特别是60岁以下的男性和50岁以下的女性,要仔细询问,认真核实。照顾家庭可能是被访者现在的状况,而不是其不找工作、不能工作的原因。

44.“退休”能否作为不找工作的主要原因?

答:不能。退休是结束工作的一种原因,不能视为不找工作的原因。退休后没找工作应填写具体原因,如有足够的生活保障、照顾家庭、健康或身体原因等。

45. 如果身有残疾的人本人认为能工作，但是其家人认为因为身体原因不会有用人单位愿意聘用，F36 如何填写？

答：如果被调查者本人没有不能脱身的事务，自身的残疾也不会影响力所能及的工作，调查员应根据受访人的客观条件，F36 圈填“能”在两周内开始工作。不能因家人的主观判断而圈填“不能”工作。

46. 身体状况很好的退休人员无论再合适的工作也不想去工作，F35 是否想工作该、F36 能否在两周内开始工作如何填写？

答：“能工作”和“想工作”不能混为一谈。如果身体健康，F35 根据调查人个人意愿圈填“不想”，F36 应圈填“能”。

47. 电话号码填报应注意些什么？

答：调查户电话号码要填写规范、准确，坚持问谁填谁，尽量填写手机号码，固定电话前要添加区号，确实无联系方式的统一填写“区号＋88888888 或 00000000”。

48. 劳动力调查的五条红线是什么？

答：调查员必须到规定的住户进行调查，不允许自行换户；调查员必须到住户现场采集数据，不允许不去现场而编造数据；必须由调查员独立直接向国家报送数据，如无特殊情况不允许任何人代替调查员报送数据；发现数据有差错，必须严格按照制度规定纠错，不允许自行修改；必须依法保护调查对象的隐私，不允许以任何理由泄露调查样本户的个体资料。

第九章　就业统计主要分析指标

按照国际劳工组织的标准，一定劳动年龄内的人口，根据参与劳动力市场情况的不同，可分为就业人口、失业人口和非劳动力，就业人口和失业人口的总和又称为劳动力。三种状态相互独立，又可互相转换。因此，就业统计分析不单指对就业人口的分析，也包括对整体劳动力市场的分析。常用的分析指标包括就业失业规模指标、比率指标以及与就业质量相关的指标。这些指标适用于各类群体的测算，通过按照性别、年龄、受教育程度、地区、城乡等特征分组，可以得到更丰富的指标数据用于就业统计分析。

第一节　规模指标

测算不同参与劳动力市场状态的人口总量，首先要对劳动年龄内的人口进行分类。劳动年龄下限的确立，应考虑到国家法律或条例规定的最低就业年龄，同时不应设置年龄上限，以便全面覆盖成年人的工作活动。由于我国法定劳动年龄最低为 16 周岁，因此统计上将 16 周岁及以上人口划分为就业人口、失业人口和非劳动力。

一、就业人口

就业人口指 16 周岁及以上，有劳动能力，为取得劳动报酬或经营收入而从事一定社会劳动的人员。具体包括 16 周岁及以上，为取得工资、实物报酬或经营收入、利润，在调查参考周内从事了 1 小时以上工作的人员；或由于在职学习、休假、临时停工等原因在调查参考周内暂时未工作的人员。是否就业与劳动者本人身份无关，在校学生、退休人员等只要满足上述条件，也属于就业人口。各类灵活就业、非正规就业人员也是重要的就业群体，不同于传统规范的劳动雇佣关系，他们的工作时间、场所、模式更加灵活多样，在就业统计过程中不应被遗漏。需要注意的是，不以取得报酬为目的的义务劳动、公益性劳动或强制性劳动，不属于这里所说的工作。

我国就业人口总量与经济社会发展息息相关，按照城乡地域、产业结构等进行细分，可更直观反映我国就业发展变化情况。2014 年，我国就业人口总量达到峰值 76349 万人，之后逐步减少，2023 年为 74041 万人。

二、失业人口

失业人口指 16 周岁及以上，有劳动能力但没有工作，正在寻找工作且马上可以开始工作的人员。具体指 16 周岁及以上，在调查参考周内未从事以取得报酬或经营利润为目的的劳动，也没有处在就业定义中的暂时未工作状态，在过去 3 个月内采取了某种方式寻找工作或者正在等待参与一份即将开始的工作，并且如有合适的工作机会可以马上开始工作的人员。

失业是由于就业岗位供给不充分或劳动供求不匹配导致的劳动利用不充分的典型现象。经济学上将失业划分为周期性失业、结构性失业和摩擦性失业三种类型。周期性失业指由于整体经济产出水平下降即总需求不足而引起的失业，与宏观经济周期波动密切相关。如在经济复苏和繁荣阶段，厂商争先扩大生产，就业人数增加，失业人数减少；经济衰退和萧条阶段，社会需求不足，厂商纷纷减少生产，大量裁减雇员，失业人数增加。结构性失业指经济结构（包括产业结构、产品结构、地区结构等）发生了变化，现有劳动者的知识、技能、观念、区域分布等不适应这种变化，与市场需求不匹配而引起的失业。如某资源型城市，随着矿产资源枯竭，大量矿工面临失业和重新择业。摩擦性失业指劳动者找到适合自己技能和偏好的工作需要一定的时间而引起的失业，一般是由于信息不对称造成的。如劳动者在转换工作等待期间形成的失业。一般而言,周期性失业的影响范围较广,通常需要较长时间才能有所恢复。结构性失业和摩擦性失业是与宏观经济波动无关的失业常态,统称为自然失业。因此在对失业进行分析时,不仅要关注失业人口规模,还要结合失业类型、失业时间等共同开展。

三、劳动力

劳动力指 16 周岁及以上,有劳动能力,参加或要求参加社会经济活动的人口,包括就业人口和失业人口。由于劳动力中绝大多数为就业人口,因此劳动力规模变化主要受就业人口规模变化的影响。2016 年,我国劳动力达到峰值 79282 万人,此后逐步减少,2023 年为 77216 万人。

四、非劳动力

非劳动力指 16 周岁及以上,既不属于就业也不属于失业的人口。他们既没有处于就业状态,又不满足失业人口所需的找工作且能工作等条件。在校学生、全职家务劳动者和退休人员中的绝大部分都是非劳动力,丧失劳动能力者和赋闲者也属于非劳动力。

第二节　比率指标

用于就业形势分析的宏观比率指标,主要包括劳动参与率、就业人口比和失业率。由于不同国家和地区人口规模差异较大,在对就业指标进行横向比较时,比率指标往往更具有参考性。

一、劳动参与率

劳动参与率指劳动年龄人口中,通过工作或者求职的方式积极参与到劳动力市场中的人数比例,即劳动力(就业人口与失业人口之和)

数量占 16 周岁及以上人口数量的百分比。劳动参与率可以用来衡量参与生产货物和服务的劳动力供给的相对规模，在研究人力资源规模和构成以及预测劳动力的未来供给等方面起着至关重要的作用。

劳动参与率受经济社会发展情况影响较大，同时也可能表现出一定的季节性特征，例如冬季，部分行业生产经营进入淡季，劳动参与率会有所降低。一般来说较好的经济、就业、社会环境会带动劳动参与率上升，反之劳动参与率会下降。劳动参与率高表明劳动力市场活跃度高，但劳动参与率并非越高越好，关键在于劳动力资源是否能够得到合理有效利用。此外，按照性别、年龄、城乡等特征进行细分，可以发现不同群体劳动参与率差异较大。一般而言，女性受生育子女、照顾家庭等因素影响，劳动参与率会低于男性；青年人受学习培训影响，劳动参与率较低，随着年龄增长，会呈现倒"U"型走势，劳动参与率先上升后下降，并在 60 岁左右快速下降到较低水平；乡村地区受农业生产经营特点影响，劳动参与率会高于城镇。在不同地区，这些群体差异的显著性也会有所不同，例如北方地区劳动参与率的季节性差异会更加明显。

二、就业人口比

就业人口比指劳动年龄人口中的就业比例，即就业人口数量占 16 周岁及以上人口数量的百分比。就业人口比与劳动参与率相比，在计算上剔除了失业人口的影响，因此其能更直观反映出一个经济体创造就业的能力。与劳动参与率类似，就业人口比也受到经济社会环境、季节等因素影响，并在不同群体间表现出较大的差异。

三、失业率

失业率指劳动力中的失业比例，即失业人口数量占就业人口数量与失业人口数量之和的百分比。失业率可以用来衡量未充分利用的劳动力供给，是最广为人知的反映就业情况的指标。

当对某个国家和地区的失业率水平进行连续追踪测算时，其波动变化情况尤为重要。一般来说,失业率与宏观经济走势呈反向变动,经济复苏和繁荣阶段,生产经营规模扩大,就业人数增加,失业人数减少,失业率随之降低;经济衰退和萧条阶段,社会需求不足,生产经营规模缩小,就业人数减少,失业人数增加,失业率随之升高。但现实往往比此要复杂得多,甚至可能出现相反的走势。例如在经济萧条阶段,一些长期失业的劳动者因为找不到工作,成为气馁的求职者,反而会退出劳动力市场,导致失业人数减少,失业率下降;在经济复苏阶段,随着就业需求增加,一些之前退出劳动力市场的劳动者重新开始寻找工作,反而会导致失业人数增加,失业率上升。因此必须结合劳动参与率和就业人口比的变化趋势,共同对就业形势做出分析判断。某种程度上说,在一个经济周期内,劳动参与率和失业率双降,反而是最糟糕的一种状态。此外,由于失业率仅能反映劳动力利用情况,不涉及失业人员或其家庭成员的经济来源情况,因此不能用其高低来衡量经济发展水平。在某些贫困国家和地区,许多人无法承受失业带来的损失,必须竭力维持生计,失业率呈现出较低水平;而在某些经济发展水平高、社会保障机制完善的国家和地区,劳动者能够有更多时间去寻求更满意的工作,失业率反而可能会呈现出较高水平。也正因此,失业率并非越低越好,能够维持经济社会平衡发展就是合理的。

按照城乡、性别、年龄、受教育程度、户籍等特征进行细分,可得到不同群体的失业率。一般而言,受经济、家庭和个人规划的影响,女性失业率会高于男性,青年人失业率会高于中年人。对于重点群体,我们的目标是采取一定政策措施,改善其就业环境。

第三节　其他重要指标

高质量充分就业是人民美好生活的重要组成部分,也是经济高质量发展的内在要求。对就业形势的分析,除了关注劳动者是否就业这一基本问题,也要关注就业人口的具体工作状况,即“工作好不好”。劳动力调查涉及工作状况的项目包括就业身份、工作年限、工作时间、行业职业、收入、社会保障、互联网带动就业等。通过对工作状况进行多维度反映，可以对劳动者就业质量做出评价。本节介绍了三种常用的分析指标，包括工作收入、工作时间、与时间相关的不充分就业等。

一、工作收入

工作收入对于评估劳动者生活水平、工作和生活条件至关重要。对于雇员来说，工作收入来自用人单位或雇主支付的劳动工资，对于雇主和自营者来说，工作收入来自经营活动。无论哪种形式，其都是劳动者通过就业获得的合理报酬。工作收入反映了劳动者购买力，其变化情况可以作为衡量其物质生活水平的依据，当其与就业、生产、消费等经济变量同时使用时，可用于反映经济周期或季节变动。对政府来说，在规划经济社会发展，制定收入和财政政策，调节最低工资标准，保障社保缴费和社会福利方面，都需要有关工作收入的信息。用于分析工作收入的具体指标包括平均工资、平均小时工资、工资指数等，我国最常用的是平均工资。需要注意的是，在对收入进行分析时，需要剔除物价因素，将名义收入转换为实际收入。

我国有专门的面向单位的劳动工资统计，并据此发布城镇单位就业人员平均工资。在劳动力调查中，来自住户的数据可能会低估真实收入水平，但对收入变动趋势进行分析仍具有重要的意义。特别是，当我们将收入指标与劳动者性别、受教育程度、行业职业、地区等信息进行交叉分组时，可以对不同群体、不同行职业、不同地区就业人员收入水平和变动趋势的差异进行重点关注。

二、工作时间

工作时间不仅影响劳动者的身心健康和福利状况，也影响企业的生产效率和用工成本。因此衡量工时长短和变化趋势，对于反映劳动者的工作和生活状况以及经济社会发展状况具有重要作用。工时过长，表明劳动者工作强度大，在平衡工作与生活方面可能面临较大压力；工时过短，可能表明劳动力未被充分利用。工作时间的变化趋势，还可用于反映经济周期或季节变动，例如当经济不景气时，随着企业订单减少，就业人口的工作时间也可能相应缩短。

用于衡量工作时间的具体方法主要有两种，一种是测算就业人口周平均工作时间，得到具体数值；另一种是将周工作时间划分为几个时间段，测算每个时间段的就业人口占比，两种方法可以结合起来使用。当我们将工作时间指标与劳动者单位类型、收入、行业职业、地区等信息进行交叉分组时，可以对不同群体、不同行职业、不同地区就业人员工作时间和变动趋势的差异进行分析。当工作时间过长，而收入水平偏低时，说明劳动者正处于就业质量较差的状态之中。

三、与时间相关的不充分就业

不充分就业反映了对劳动力生产能力的利用不足。“利用不足”是个复杂的概念，不充分就业广义上可理解为各种类型的就业“不满意”情况，如工时不足、报酬不足或技能利用不足等，但多数情况下这种判断与个人评价相关，且难以量化和解释。与时间相关的不充分就业可以通过工时来衡量，是目前国际劳工统计界中获得共识并被合理定义的不充分就业形式。与时间相关的不充分就业是指那些工作时间低于标准工作时间，愿意延长工作时间，并且如有合适的工作机会能够工作更长时间的就业人员。对于他们来说，虽然处于就业状态，但是当前工作并不能满足需求，突出表现为工作时间过短，劳动力未得到充分利用。我们通常用与时间相关的不充分就业人口占全部就业人口的比例，来衡量社会的不充分就业程度。

在对就业形势进行分析时，引入与时间相关的不充分就业是非常有价值的。例如当就业人口增加而失业人口减少时，意味着劳动力市场状况有所改善；但如果就业增长主要来自不充分就业人口的增加，那么劳动力市场状况的改善就不是那么明朗。

第十章　就业统计主要数据产品

就业统计数据指标主要来源于劳动力调查。近年来,随着劳动力调查制度的逐步完善,国家统计局加强数据评估推算,致力于发布更为丰富、详细的就业统计数据。

第一节　月度主要发布指标

自 2018 年起,我国开始按月发布就业数据,主要包括全国城镇调查失业率、31 个大城市城镇调查失业率、企业就业人员周平均工作时间。2021 年起,增加发布了城镇分年龄、户籍劳动力调查失业率。

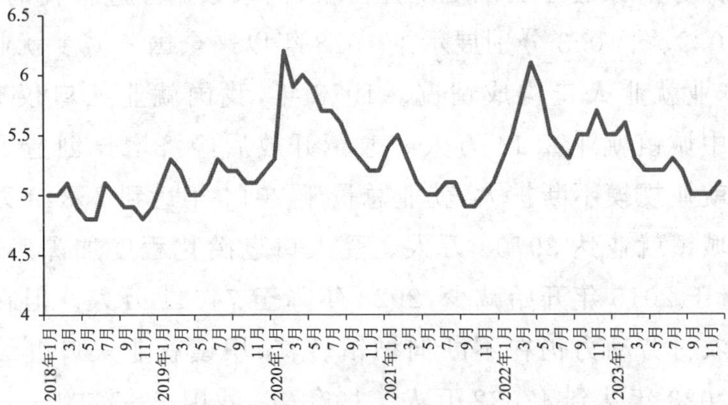

图 10.1　2018 年以来全国城镇调查失业率(单位:%)

图 10.1 展示了 2018 年以来全国城镇调查失业率走势情况。2018—2019 年间,城镇调查失业率多数月份稳定在 5%左右的水平,就业形势总体稳定,部分月份失业率有所升高,主要是受春节和高校毕业季的季

节性影响。2020—2022 年,受新冠疫情影响,城镇调查失业率在部分月份有明显上升,之后随着经济社会秩序逐步恢复,各项就业政策持续发力,就业压力逐步缓解,失业率逐步回落。

月度数据指标通过国家统计局新闻发布会进行发布,也可以从国家数据库进行查询。

第二节　年度主要发布指标

年度发布的就业数据主要包括两类,一类是劳动力就业总量数据,如劳动力总量、就业人口总量、分城乡就业人数、分三次产业就业人数、分地区就业人数等。这些指标的推算不仅需要劳动力调查数据,还涉及到全国人口数据。按照惯例,历次人口普查后国家统计局会根据最新数据对两次普查中间年份的人口数据进行修订,因此相关年份的就业人口数据也随之修订。以上数据指标每年通过《中国统计年鉴》《中国人口和就业统计年鉴》《中国劳动统计年鉴》等渠道进行发布,其中部分指标也可从年度统计公报、国家数据库进行查询。

图 10.2、图 10.3 分别展示了 1978 年以来全国分城乡就业人口及分三次产业就业人口构成情况。1978 年,我国就业人口仅有 40152 万人,其中城镇就业 9514 万人。改革开放后经济增长创造了大量就业需求,就业规模不断扩大,就业总量于 2014 年达到 76349 万人的峰值,其中城镇就业达 39703 万人。受人口老龄化程度加深影响,就业人口总量于 2015 年开始减少,2023 年降至 74041 万人。但在城镇化进程下,农村劳动力仍在不断向城镇转移,城镇就业人口继续保持增长态势,2023 年达到 47032 万人。1978 年,我国第一、二、三产业就业人数分别为 28318 万人、6945 万人和 4890 万人,占比分别为 70.5%、17.3%和 12.2%,广大劳动者集中在农业部门就业。随着经济发展方式转变和经济结构调整优化,就业结构也发生了变化,就业人口持续从农业向非农业转移,2011 年,第三产业首次超过第一产业成为就

业人数最多的产业，2014 年第二产业就业也超过第一产业。截至 2023 年，我国第一、二、三产业就业人数分别为 16882 万人、21520 万人和 35639 万人，占比分别为 22.8%、29.1%和 48.1%，倒金字塔的就业结构逐步形成巩固。

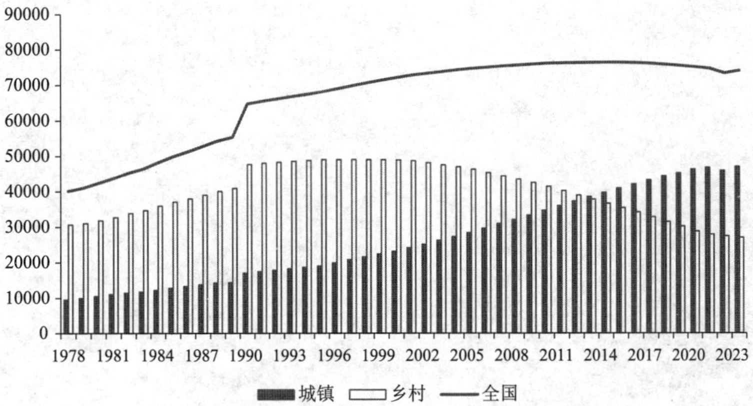

图 10.2　1978 年以来全国分城乡就业人口(单位:万人)

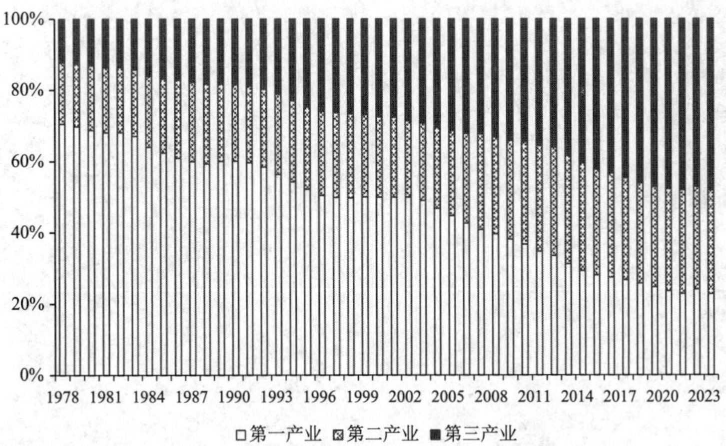

图 10.3　1978 年以来全国分三次产业就业人口构成(单位:%)

另一类是反映就业失业状况的结构数据，如就业人口年龄构成、性别构成、受教育程度构成、就业身份构成、行业构成、职业构成、周平均工作时间及构成，失业人口年龄构成、性别构成、受教育程度构成、结束上份工作原因构成、找工作方式构成、失业前所在行业构成、失业前所在职业构成、失业时间构成等。这些指标是根据劳动力调查数据推算的，每年通过《中国人口和就业统计年鉴》和《中国劳动统计年鉴》进行发布。

第十一章　劳动工资统计概述

第一节　劳动工资统计历史沿革

一、劳动工资统计目的

工资是劳动领域最重要的研究对象之一，是工资劳动者的主要收入来源，也是企业生产成本的重要组成部分，是国家对劳动者实行按劳分配的重要形式；工资数据历来受到政府和社会各界的高度重视。

从国家层面看，劳动工资统计是国民经济统计体系中一个重要的组成部分，是反映劳动力供求关系、劳动力成本高低，为社会财富初次分配和调控提供依据的重要手段。劳动工资统计及时、准确地搜集、整理法人单位从业人员人数及工资总额等方面的资料，为政府监测、调控工资分配格局、进行宏观决策提供数据，为国民经济核算提供依据，为社会保障部门保费收支、社会各种赔偿、政府购买服务等提供参照标准。

从单位层面看，工资总额是构成单位的主要人工成本，工资统计对于企业制定薪酬分配政策也是非常重要的一个依据。

从个人层面看，个人全年的工资收入是用来计算次年医保、养老、公积金等的基数，也是法院在裁判民事案件中对受害人给予经济赔偿时的主要参考依据。

二、劳动工资历史沿革

我国开展工资统计已有70余年的历史，从20世纪50年代开始就已经建立了比较正规的劳动工资统计制度，并由国家统计局负责开展实施。我国劳动工资统计是随着整个国民经济的恢复和发展，以及劳动工资方针、政策和管理的变化而逐步建立和发展起来的，它走过了一条漫长曲折的发展道路。

（一）改革开放前的劳动工资统计

1950年3月，新中国成立不久，为摸清当时中国工业的基本情况，中央财经委员会就对公营、公私合营及工业生产合作社的工矿企业进行了一次普查，普查表中设置了职工人数和工资统计指标，这是新中国成立后进行的最早的劳动工资调查。随后，在工业、商业、对外贸易、基本建设以及其他部门开始陆续建立定期统计报表，在各种统计报表中都设置了职工人数和工资统计指标。1951年，政务院财政经济委员会参照前苏联的做法，制定并发布了《关于工资总额组成的规定》，用于规范工资统计工作。1952年国家统计局成立后，为便于开展劳动工资统计工作，专门设置了劳动工资组。根据国家领导同志的指示，当年就和有关部门进行了一次劳动就业调查，为当时各地党政领导研究解决劳动就业问题提供了重要依据。

1. 第一个五年计划期间。国家在实行计划经济的前提下，建立了劳动力的统一招收和调配制度，加强了对职工人数和工资的计划管理。为了统一工资总额的口径、范围和计算方法，国家统计局会同有关部门重新制定了《关于工资总额组成的暂行规定》，并由国务院批准颁发施行，要求国营、地方国营、合作社营、公私合营、私营企业事业及机关团体，所有计划、统计、会计核算中有关工资总额的计算，均以此为标准。

2. 第二个五年计划期间。鉴于在“大跃进”中农民大量进城做工，影响农业生产的正常进行，中央决定加强对劳动力的控制，开展整顿劳动组织和精简多余职工。1959年起，将各专业统计中的劳动工资统计分离出来，建立了全国统一的月度、季度和年度劳动工资统计制度，并对重点市、县和重点企业开展工时利用、工资总额组成以及劳保福利费用构成等的重点调查。同年，国家统计局会同国家计委、劳动部联合颁发了《关于劳动计划、统计中若干范围、分类与计算方法的暂行规定》，明确规定了职工范围、分类及部门划分标准。随着经济形势的变化和劳动工资计划管理的发展，劳动工资统计制度不断进行完善和改进，基本上满足了各级党政领导决定劳动工资政策、编制和检查劳动工资计划的需要。从此，劳动工资综合统计工作得到了较快的发展。

3. 国民经济三年调整时期。根据中央关于清理和精减统计报表的要求，劳动工资统计报表做了较大的精减。在基层报表方面，取消了劳保福利费用、职工工资总额构成、有技术职称的工程技术人员年末人数、农村劳动力资源与分配等报表；简化了半年报（年报）等。在综合报表方面，各地区只报送月度地方单位的全部劳动工资资料；中央直属单位的月报由中央各部委汇总报送；重点市报送的各种报表一律免报，只保留九大城市的出勤率月报等。

4.“文化大革命”时期。此期间劳动工资统计报表制度停止执行，直至 1970 年 5 月，国家计委发出了《关于建立统计报表制度的通知》。1972 年劳动工资统计恢复了职工人数与工资、工业建筑业交通运输企业人员分类、职工增加来源、工业建筑业劳动生产率以及城镇集体所有制单位劳动者人数等年报。从 1973 年起，恢复了职工人数月报。

（二）改革开放后城镇单位劳动工资统计

改革开放后，我国经济类型、企业用工制度、工资发放项目和形式都在不断发生变化，为了准确反映客观形势的变化，工资统计制度也进行了一系列的改革。

1. 改革开放初期。党的十一届三中全会后，随着改革开放政策的实施，国民经济出现持续快速发展的势头，计件工资制和奖励制度相继恢复，国家对工资制度进行了不断的调整和改革。面对这种形势，国家统计局对劳动工资统计报表制度进行了不断的修订和补充。

1980年,为适应新形势,国家统计局和工商行政管理总局印发了《关于统计上划分经济类型的暂行规定》。1984年,国家统计局将各种合营单位和外资单位纳入工资统计范围,并以"其他所有制单位"名义发布相关数据。但私营单位和个体经营户,未纳入工资统计范围。1985年,为更好加强劳动工资统计工作,经国家统计局和劳动人事部商定,全国劳动工资统计工作由国家统计局和劳动人事部分工负责,共同完成:属于基本的反映国情国力的劳动工资统计由国家统计局负责,专业性较强的劳动工资统计由劳动人事部负责。1989年,由国家统计局与劳动部联合编印的《中国劳动工资统计年鉴》开始公开出版。

2. 社会主义市场经济新时期。1990年前后,我国工资分配形式进一步多样化,为适应这一变化,国家统计局会同有关部门对工资统计口径进行了重新修订,经国务院批准,于1990年1月发布了《关于工资总额组成的规定(简称《规定》)》。《规定》对工资总额的性质,应包括和不包括的项目都做了具体而详细的说明。

1990年以来,国务院各部门、国家统计局的各项制度都按此规定执行,有时会针对一些新情况做出补充规定。1993年,"从业人员"指标开始出现在劳动工资统计报表中,这是劳动统计改革的重要举措,是国家向市场经济转变在劳动统计方面的反映。1998年,沿用了几十年的"职工"指标开始与"从业人员"指标分离,只有"在岗职工"统计在单位的"从业人员"中。

(三)城镇非私营和城镇私营单位分别统计阶段

2007年,国家统计局印发《城镇私营单位工资统计制度方案》(试行),并在部分地区对城镇私营单位工资情况开展试点调查。2008年试点调查范围扩大到全部地区。2009年,国家统计局印发《国家统计局关于进一步推进工资统计制度改革工作的意见》(国统字〔2009〕114号),正式将私营单位纳入工资统计范围。私营抽样调查由国家提供方案和程序,各省抽样、组织实施和推算,上报综合表。原城镇单位改称为城镇非私营单位,仍采用全面调查的方式。

2009—2019年，劳动工资统计范围已经覆盖到城镇地域全部法人单位及全部地域（包含乡村范围）的国有单位，乡村地域除国有单位以外的其他类型单位（主要是乡镇企业）未纳入工资统计范围。

（四）当前劳动工资统计

近十余年来，中国经济由高速发展阶段转向高质量发展，社会经济展现出全新面貌，劳动就业领域也发生了翻天覆地的变化。为了反映新变化，提供覆盖范围更全面的单位劳动工资统计信息，国家统计局积极推进劳动工资统计扩面改革进程。

1. 企业联网直报（一套表）平台

2013年，劳动工资统计纳入国家统计局一套表联网直报，城镇非私营全面调查单位分成了两部分，规模以上企业通过一套表联网直报平台直接上报数据，其余单位则由各省组织收集数据，并上报综合表，全国数据由规模以上基层数据汇总和规模以下综合数据相加计算得出。城镇私营单位工资数据则由各省组织数据的收集、推算，后通过一套表联网直报平台报送综合表。

2. 扩大统计范围

2020年，国家统计局进行劳动工资统计扩面改革，2020年一季度起，将统计范围由城镇地域扩展到全部地域，建立起覆盖全部法人单位的劳动工资统计调查制度，并恢复了2015年取消的规模以下单位季报表。改革后，年报季报均采用全面调查与抽样调查相结合的方式进行，即规模以上单位开展全面调查，其余单位进行抽样调查，由国家统一进行样本单位的抽取和各省数据的推算。

需要指出的是，个体经营户一直不属于劳动工资统计的调查范围。由于其本质上是以自我劳动而非雇佣劳动为基础，总体不存在工资支付问题；即使个别个体经营户存在雇佣人员，但工资发放多数也很不规范；另外，个体经营户的劳动收入、财产性收入和其他收入很难区分开，因此无论是在我国还是国外，一般都不将其纳入单位工资的统计范围。

第二节 劳动工资统计调查内容

一、调查对象

劳动工资统计的调查对象是法人单位，包括统计上认定的视同法人单位的产业活动单位。调查对象不包括一套人马多块牌子、寺庙、宗教场所、协会、学会、农民专业合作社等虽然有人员但没有工资发放行为的单位。

二、调查范围

劳动工资统计的统计范围为全部地域内法人单位。从单位类型看，包括企业、事业、机关等各种类型的单位。根据《国民经济行业分类》(GB/T4754—2017)，具体包括：农、林、牧、渔业，采矿业，制造业，电力、热力、燃气及水生产和供应业，建筑业，批发和零售业，交通运输、仓储和邮政业，住宿和餐饮业，信息传输、软件和信息技术服务业，金融业，房地产业，租赁和商务服务业，科学研究和技术服务业，水利、环境和公共设施管理业，居民服务、修理和其他服务业，教育，卫生和社会工作，文化、体育和娱乐业，公共管理、社会保障和社会组织等19个行业门类。

三、调查内容与统计原则

劳动工资统计的统计调查内容是调查对象单位中的从业人员及工资总额等情况，根据不同的调查对象，设置不同的报表。一套表法人单位调查内容包括按人员类型分和按职业类型分从业人员和工资总额，非一套表法人单位调查内容包括按人员类型分从业人员和工资总额。

劳动工资统计的基本原则为“谁发工资谁统计(劳务派遣人员除外)”，劳务派遣人员按照“谁用工谁统计”的原则统计。调查单位在本地区以外的产业活动单位，其人员和工资应包含在法人单位中。视同法人的产业活动单位、子公司应按照法人单位进行填报，独立填报人员和工资，其上级法人单位在报送劳动工资统计数据时不能包含其数据。

第三节　劳动工资统计调查方法

一、全面调查与抽样调查

劳动工资统计采用全面调查与抽样调查相结合的方法。对于一套表法人单位和机关事业单位采用全面调查方法，这部分调查单位通过国家统计局统计云联网直报系统自主填报并上报数据；除机关事业单位以外的对于非一套表法人单位采用抽样调查方法，根据《非一套表抽样调查方案》抽取样本，对抽取的样本进行调查，数据采集方式包括单位自主填报和统计机构按规定流程代录两种方式，数据报送截止后，由国家统计局人口和就业统计司进行统一推算评估。

二、非一套表抽样调查方案

（一）总体与抽样框

总体为各省、自治区、直辖市的法人单位。以基本单位名录库为基础，剔除一些不适合作为工资统计对象的法人单位，如一套人马多块牌子、寺庙、宗教场所、协会、学会、农民专业合作社等只有兼职人员没有工资发放的单位，以及从业人员规模在 5 人以下的单位；同时，年度剔除一套表和机关、事业法人单位，季度剔除机关、事业法人单位后确定抽样框。

（二）分层

1. 确定子总体

年度和季度分别按调查目的确定子总体。

2. 划分规模层

在各子总体内按从业人员期末人数排序，将一定人数以上的大单位确定为必抽层，其余单位采用累计平方根法划分为若干规模层。

（三）确定样本量及在各层中的分配

1. 确定样本量

通过以下公式计算各子总体所需样本量：

$$n=\frac{\left(\sum W_h s_h\right)^2}{\left(\frac{x\bar{X}}{t}\right)^2+\frac{1}{N}\sum W_h s_h^2}=\frac{\left(\sum N_h s_h\right)^2}{\left(\frac{Nw\bar{X}}{t}\right)^2+\sum N_h s_h^2}$$

式中，$W_h=\frac{N_h}{N}$，N 为总体元素总数，N_h 为第 h 层的元素个数，S_h 为第 h 层的标准差，$\bar{X}$ 为总体均值，t 为给定置信度对应的 t 值，w 为最大相对误差。

综合考虑抽样的设计效应、消亡单位比例、无回答情况等对样本量适当扩大，确定各子总体的最终样本量。

2. 样本量在各层的分配

通过内曼分配将样本量分配到各规模层，第 h 层的样本量 n_h 为：

$$n_h=n\cdot\frac{W_h S_h}{\sum W_h S_h}=n\cdot\frac{N_h S_h}{\sum N_h S_h}$$

式中，$W_h=\frac{N_h}{N}$，N 为总体元素总数，N_h 为第 h 层的元素个数，S_h 为第 h 层的标准差。

每个最终层内至少包含 5 个以上样本单位，如果最终层内不足 5 个单位，则全部调查。

（四）样本抽取

采用永久随机数的方法抽取样本，可以保证样本相对固定，数据更可比，同时也能减轻基层统计机构负担，便于数据审核。样本抽取时，对抽样框中的每个单位赋予一个永久随机数，在每一个最终层中将单位按照永久随机数从小到大排队，从起点 0 开始，抽取 n_h 个最小永久随机数的单位作为第 h 层的样本。年季报样本分别抽取后，对年报样本进行调整，使其覆盖季报样本。

三、加权推算方法

(一)确定权数

1. 基础权数

基础权数是该样本单位被选概率的倒数。设 N_h 为第 h 层的元素总数，n_h 为样本量，则在估计总量时的基础权数为 $w_h = \frac{N_h}{n_h}$。

2. 最终权数

根据无回答有效样本单位以及每季度新生单位对权数进行调整。设 n_h' 为无回答有效样本个数，n_h'' 为回答样本个数，N_h' 为新生单位个数。则估计总量的调整权数为

$$w_h^* = \frac{w_h \times (n_h' + n_h'') + N_h'}{n_h''}$$

对于非录入误差的离群值，将离群值的权数调整为 1，剩余权数分配给层内其他有效回答企业，得到样本企业的最终权数。

(二)数据推算

从业人员期末人数、平均人数及工资总额估计量

$$\hat{Y} = \sum \omega_i y_i$$

平均工资估计量

$$\hat{R}_{平均工资} = \frac{\hat{Y}_{工资总额}}{\hat{Y}_{平均人数}}$$

其中，样本单位 i 属于要估计的总体，ω_i 为样本单位 i 的最终权数；y_i 是样本单位 i 的指标的值。

四、数据审核

数据审核按照“事前、事中、事后”的方式进行，通过国家、省、市、县、乡镇五级联动，强化数据质量联动审核，达到数据审核全流程覆盖，切实从源头保障劳动工资统计数据质量。

(一)事前核查

对当年年报和次年季报样本进行核实,对于变更主要信息的调查单位和因改制、重新注册、合并或拆分的调查单位要进行核实,必要时可查看单位变更的证明材料,发现单位信息有误须及时向上级提交修改申请。

(二)事中审核

在数据上报期间,对主要统计指标进行数据核查,主要包括平台审核、重点审核、线上凭证核查和实地核查等方式。

1. 平台审核

(1)公式审核。公式审核是数据审核的第一道关卡,对数值异常或波动异常的数据进行了有效拦截。在数据上报期间,使用在联网直报平台预置的审核公式对单位填报数据的值域、逻辑关系、数据奇异值、数据异常波动情况进行审核,审核分为强制性审核、准强制性审核、核实性审核和提示性审核。通过公式审核,平台自动发现数据异常并提示调查单位统计人员修正,单位根据提示,如果检查发现错误则进行修改,如果数据属实,则需要填写解释说明,准强制性审核还需要联系统计局进行解锁。

(2)模板审核。模板审核是使用在联网直报平台设置好的各类审核模板对调查单位进行预审查询,并根据查询结果核实修正异常数据或反馈原因说明。审核模板不仅可以针对主要指标的异常值或异常变化进行设置,也可以结合政策因素和季节因素设置相应的模板进行查询,通过多个模板联合审核,可以对异常数据进行再次核实。

(3)随报随审。在数据上报期间,要求做到随报随审,对已上报单位进行逐个审核验收。一是便于及时发现错误修改错误,能够在第一时间联系调查单位进行核实数据,二是可以将审核工作量分散开,保证审核质量。

2. 重点审核

除使用平台程序外,对于无法用程序确认量化并进行审核的逻辑关系,还需要再进行人工审核。通过对地区间数据变动趋势以及平台修改痕迹进行分析，定位问题地区，进行重点审核；对于影响整体数据的重点企业进行重点核实确认；对于所属行业或登记注册类型等调整的单位要重点核实。

3. 线上凭证核查

报表期间，根据数据审核情况抽取部分单位进行线上凭证核查，被核查单位根据核查材料清单提供相关材料（包括工资表、国库支付凭证或银行发放凭证图片，以及工资发放情况汇总表等）并上报。核查过程中，要对报送材料的完整性和真实性进行核实，并依据报送材料，核查发放凭证与实发工资是否一致，统计应报工资与平台实际报送工资是否一致。若材料不能支撑平台报送数据，被核查单位要进一步报送情况说明。

4. 现场实地核查

现场核查通过实地走访、召开座谈会、查阅统计台账及原始凭证等方式，对单位基本情况和上报数据进行核查。核查前通知被核查单位准备营业执照、考勤表、工资表、财务账、支付凭证、劳务派遣协议、外包协议或合同等材料；核查过程中了解被核查单位从业人员类别、用工形式，确定从业人员范围，根据被核查单位提供的考勤表、工资表核对报告期从业人员数。对工资发放相关凭证的真实性和完整性进行核实，根据工资表、发放凭证等材料对工资总额进行核实。要及时详细记录核查相关情况，了解并注明数据差异原因，并由核查人员和单位统计人员（或代报人员）签字确认。

（三）事后核查

报表报送结束后，根据数据质量情况，重点选取或随机抽取部分单位开展核查，部分单位的核查在报表期间通过线上凭证核查进行，其余单位在报表结束后由各级统计机构通过现场实地核查和线上凭证核查方式开展。两种核查方式在事中核查中已经介绍，不再重复。

第十二章　劳动工资统计主要指标及产品

第一节　从业人员相关指标

一、从业人员期末人数

（一）指标解释

从业人员期末人数指月度或年度最后一日在本单位工作，并取得工资或其他形式劳动报酬的人员数。该指标为时点指标，不包括最后一日当天及以前已经与单位解除劳动合同关系的人员，是在岗职工、劳务派遣人员及其他从业人员之和。其中不包括离开本单位仍保留劳动关系，并定期领取生活费的人员和在单位实习的各类在校学生。

（二）应包括的人员

1. 在岗职工

指在本单位工作且与本单位签订劳动合同，并由单位支付各项工资和社会保险、住房公积金的人员，以及上述人员中由于学习、病伤、产假等原因暂未工作仍由单位支付工资的人员。在岗职工还包括：

（1）应订立劳动合同而未订立劳动合同人员。

（2）处于试用期人员。

（3）编制外招用的人员，如临时人员。

（4）派往外单位工作，但工资或其他形式劳动报酬仍由本单位发放的人员（如挂职锻炼、外派工作等情况）。

2. 劳务派遣人员

根据《中华人民共和国劳动合同法》规定，指与劳务派遣单位签订劳动合同，并被劳务派遣单位派遣到实际用工单位工作，且劳务派遣单位与实际用工单位签订《劳务派遣协议》的人员。

需要注意的是，劳务派遣人员应由实际用工单位统计为劳务派遣人员，劳务派遣单位（派出单位）不进行统计；劳务外包人员由承包劳务的法人单位统计为在岗职工，实际用工单位不进行统计。如承包劳务的是个体经营户或自然人，均不包括在劳动工资统计范围内。

3. 其他从业人员

指在本单位工作，不能归入在岗职工、劳务派遣人员中的人员。此类人员是实际参加本单位生产或工作并从本单位取得劳动报酬的人员。具体包括：非全日制人员、聘用的正式离退休人员、兼职人员（包括利用课余时间打工的在校学生）以及在本单位中工作的外籍和港澳台方人员。

（三）不应包括的人员

1. 离开本单位仍保留劳动关系，并定期领取生活费的人员，如下岗职工、企业内退人员。

2. 在本单位实习的各类在校学生。

二、从业人员平均人数

（一）指标解释

指月度或年度平均拥有的从业人员数。年度平均人数按单位实际月平均人数计算得到，不得用期末人数替代。

（二）计算公式

1. 月平均人数是以报告月内每天实有的全部人数之和，除以报告月的日历日数。计算公式为：

$$月平均人数=\frac{报告月内每天实有的全部人数之和}{报告月的日历日数}$$

对人员增减变动很小的单位，其月平均人数也可以用月初人数与月末人数之和除以 2 求得。计算公式为：

$$月平均人数=\frac{(月初人数+月末人数)}{2}$$

在计算月平均人数时应注意：

(1)公休日与节假日的人数应按放假前最后一个工作日的人数计算。

(2)对新建立不满整月的单位(月中或月末建立)，在计算报告月的平均人数时，应以其建立后各天实有人数之和，除以整月天数求得，而不能除以该单位建立的天数。

2. 年平均人数是以 12 个月的平均人数之和除以 12 求得。计算公式为：

$$年平均人数=\frac{报告年内12个月平均人数之和}{12}$$

在年内新成立的单位年平均人数计算方法为：从实际开工之月起到年底的月平均人数相加除以 12 个月。计算公式为：

$$年平均人数=\frac{(开工之月平均人数+\cdots+12月平均人数)}{12}$$

第二节　从业人员工资相关指标

一、从业人员工资总额

(一)指标解释

从业人员工资总额指本单位在月度或年度直接支付给本单位全部从业人员的劳动报酬总额。不论是计入成本的还是不计入成本的，不论是以货币形式支付的还是以实物形式支付的，均应列入工资总额的计算范围。需要明确的是，工资总额是税前工资，包括单位从个人工资中直接为其代扣或代缴的个人所得税、社会保险基金和住房公积金等个人缴纳部分以及房费、水电费等，但不包括从单位工会经费或工会账户中发放的现金或实物,入股分红、股权激励兑现的收益和各种资本性收益等。

(二)应包含的项目

工资总额具体包括工资、奖金、津贴和补贴及其他工资。

1. 工资

包括基本工资和绩效工资。基本工资指本单位支付给本单位从业人员的按照法定工作时间提供正常工作的劳动报酬,各单位给个人确定的底薪可作为基本工资;绩效工资指根据本单位利润增长和工作业绩定期支付给本单位从业人员的奖励性工资。

2. 奖金

指支付给本单位从业人员的超额劳动报酬和增收节支的劳动报酬。具体包括:年终奖、全勤奖、生产奖、节约奖、劳动竞赛奖和其他名目的奖金以及某工作事项完成后的提成工资、年底双薪等。

3. 津贴和补贴

指本单位制定的员工相关工资政策中,为补偿本单位从业人员特殊或额外的劳动消耗和因其他特殊原因支付的津贴,以及为保证其工资水平不受物价影响而支付的物价补贴。具体包括:补偿特殊或额外劳动消耗的津贴及岗位性津贴、保健性津贴、技术性津贴、地区津贴和其他津贴。如:过节费、通讯补贴、交通补贴、公车改革补贴、取暖补贴、物业补贴、不休假补贴、无食堂补贴、单位发的可自行支配的住房补贴以及为员工缴纳的各种商业性保险等。

4. 其他工资

指单位发放给从业人员除工资、奖金、津贴和补贴外的劳动报酬。如补发上一年度的工资等。

除工资总额构成中提到的项目外,特殊项目构成的工资也应计入工资总额,包括:

(1)单位代扣或代缴的个人所得税、社会保险基金、住房公积金和企业年金等个人缴纳部分。

(2)单位为职工缴纳的各种商业性保险。

(3)实行年薪制的人员,其工资正常发放部分和年终结算后补发的部分。

(4)女职工在休产假期间领取的生育津贴。

(5)本单位发放的外派工作补贴(如驻村、援疆援藏、抗疫一线医务人员所发相关补贴)。

(6)单位发放的过节费,或实物性质的以及各种形式的充值卡、购物券等(工会经费或工会账户中发放的福利除外)。

(7)政府的专项奖励,如果由上级出政策、规定额度,单位根据政策自行发放或由上级拨付,单位自行分配的,则应计入本单位工资总额统计。

(三)不应包括的项目

1. 根据国务院发布的有关规定发放的创造发明奖、自然科学奖、科学技术进步奖,支付的合理化建议和技术改进奖以及支付给运动员、教练员在重大体育比赛中的重奖。即奖励的金额和对象均不由本单位确定,不属于本单位发放的奖金,不计入本单位工资总额统计。

2. 针对部分人群的补贴费用。包括职工死亡丧葬费及抚恤费、职工生活困难补助、探亲路费、计划生育补贴、婴幼儿补贴、独生子女费。

3. 劳动保护的各种支出。包括:工作服、手套等劳动保护用品,防暑降温费,清凉饮料、保健食品、解毒剂等。

4. 有关离休、退休、退职人员待遇的各项支出。

5. 支付给外单位人员的稿费、讲课费及其他工作报酬。

6. 出差补助和误餐补助。实行食宿费包干发放的出差补助和误餐补助,单位给实报实销的差旅费。

7. 入股分红、股权激励兑现的收益和各种资本性收益等。

8. 离职补偿金。

9. 用工单位支付给劳务派遣单位的人员工资以外的手续费和管理费。

10. 支付给家庭工人的加工费和按加工订货办法支付给承包单位的发包费用。

11. 单位支付的调动工作的旅费、异地安家费、人才引进补贴等。

12. 各项社会保险、住房公积金单位缴纳部分。企业年金和补充医疗保险，其中单位按政策规定比例缴纳部分。

13. 从工会账户中或以工会经费发给会员的现金和实物。

14. 单位支付的一次性工伤医疗补助金、伤残就业补助金、工伤人员的生活费（款源是社会保险基金，由单位代收代付）等。

15. 病假、事假等情况产生的扣款。

二、从业人员平均工资

平均工资是劳动工资统计的一个重要指标。就某一单位来说，单位从业人员平均工资是用单位从业人员工资总额除以从业人员平均人数计算得到的。同样，一个地区、行业的平均工资，是该地区或该行业所有统计单位的工资总额除以相应统计单位的平均人数。计算公式为：

$$\text{从业人员平均工资} = \frac{\text{从业人员工资总额}}{\text{从业人员平均人数}}$$

工资水平反映的是劳动力价格，是最重要的劳动力市场指标之一，平均工资水平还是征缴和支付各项社会保险的重要依据和作为赔偿制度的重要数据。

第三节　工资总额统计相关文件

一、《关于工资总额组成的规定》

1955 年，为了统一工资总额的口径、范围和计算方法，国务院批准颁发施行《关于工资总额组成的暂行规定》。1990 年前后，为适应新变化,国家统计局会同有关部门对工资统计口径进行了重新修订,经国务院批准,于1990年1月发布了《关于工资总额组成的规定》(以下简称《规定》),同时,1955年的《关于工资总额组成的暂行规定》废止。《规定》分为总则、工资总额的组成、工资总额不包括的项目和附则共四章,规定了工资总额的定义和范围等内容。其中第二章第四条规定,工资总额由六个部分组成:计时工资;计件工资;奖金;津贴和补贴;加班加点工资和特殊情况下支付的工资。第五至十条对工资总额六个组成部分进行了分别阐述:

计时工资 是指按计时工资标准(包括地区生活费补贴)和工作时间支付给个人的劳动报酬。包括:

(一)对已做工作按计时工资标准支付的工资;

(二)实行结构工资制的单位支付给职工的基础工资和职务(岗位)工资;

(三)新参加工作职工的见习工资(学徒的生活费);

(四)运动员体育津贴。

计件工资 是指对已做工作按计件单价支付的劳动报酬。包括:

(一)实行超额累进计件、直接无限计件、限额计件、超定额计件等工资制,按劳动部门或主管部门批准的定额和计件单价支付给个人的工资;

(二)按工作任务包干方法支付给个人的工资;

(三)按营业额提成或利润提成办法支付给个人的工资。

奖金 是指支付给职工的超额劳动报酬和增收节支的劳动报酬。包括:

(一)生产奖;

(二)节约奖;

(三)劳动竞赛奖;

(四)机关、事业单位的奖励工资;

(五)其他奖金。

津贴和补贴　是指为了补偿职工特殊或额外的劳动消耗和因其他特殊原因支付给职工的津贴，以及为了保证职工工资水平不受物价影响支付给职工的物价补贴。

（一）津贴。包括：补偿职工特殊或额外劳动消耗的津贴，保健性津贴，技术性津贴，年功性津贴及其他津贴。

（二）物价补贴。包括：为保证职工工资水平不受物价上涨或变动影响而支付的各种补贴。

加班加点工资　是指按规定支付的加班工资和加点工资。

特殊情况下支付的工资

（一）根据国家法律、法规和政策规定，因病、工伤、产假、计划生育假、婚丧假、事假、探亲假、定期休假、停工学习、执行国家或社会义务等原因按计时工资标准或计时工资标准的一定比例支付的工资；

（二）附加工资、保留工资。

第十一条规定了不列入工资总额的范围：

（一）根据国务院发布的有关规定颁发的发明创造奖、自然科学奖、科学技术进步奖和支付的合理化建议和技术改进奖以及支付给运动员、教练员的奖金；

（二）有关劳动保险和职工福利方面的各项费用；

（三）有关离休、退休、退职人员待遇的各项支出；

（四）劳动保护的各项支出；

（五）稿费、讲课费及其他专门工作报酬；

（六）出差伙食补助费、误餐补助、调动工作的旅费和安家费；

（七）对自带工具、牲畜来企业工作职工所支付的工具、牲畜等的补偿费用；

（八）实行租赁经营单位的承租人的风险性补偿收入；

（九）对购买本企业股票和债券的职工所支付的股息（包括股金分红）和利息；

（十）劳动合同制职工解除劳动合同时由企业支付的医疗补助费、

生活补助费等；

（十一）因录用临时工而在工资以外向提供劳动力单位支付的手续费或管理费；

（十二）支付给家庭工人的加工费和按加工订货办法支付给承包单位的发包费用；

（十三）支付给参加企业劳动的在校学生的补贴；

（十四）计划生育独生子女补贴。

二、相关修订文件

自1990年《规定》颁布后，国务院各部门、国家统计局有关工资总额的计算依据等各项制度都按此执行。同时，随着经济社会的不断发展，国家统计局又根据一些新情况陆续对《规定》做了补充发文，主要有以下内容。

1992年印发《关于提高粮食统销价格后发给职工粮价补贴的统计方法的通知》（统制字〔1992〕98号），将粮价补贴计入工资总额。印发《关于房改补贴统计方法的通知》（统制字〔1992〕80号），将房改补贴计入工资总额。

1994年印发《关于机关和事业单位工作人员工资制度改革后劳动统计若干问题的通知》（国统字〔1994〕37号），将洗理卫生费、上下班交通费补贴计入工资总额。印发《劳动统计报表制度有关问题的说明》（设管司函〔1994〕30号）。误餐补贴是因公外出，需要在餐馆就餐的职工给予的补助，是属于差旅费性质的补贴，不计入工资总额，以误餐补贴名义发给职工的伙食性补贴一律计入工资总额。

1997年，《关于印发"1997年年报劳动统计问题解答"的通知》（设管司函〔1997〕11号）规定：养老、住房、医疗等基金个人缴纳部分计入工资总额，单位缴纳部分暂不计入；单位补发的工资总额按实发时间统计，不能在拖欠期内将拖欠工资数额统计在工资总额中。

1998年，《关于印发1998年年报劳动统计新增指标解释及问题解答的通知》(国统办字〔1998〕120 号)规定,新出现的一些补贴项目,如住房补贴、电话补贴、伙食补贴等应计入工资总额。

1999 年,《关于印发 1999 年劳动统计年报新增指标解释及问题解答的通知》(国统办字〔1999〕106 号)规定,单位一次性发放或按月发放的旅游费、保险费、餐费、过节费、劳务费等应统计为工资,即单位以各种名义发放的现金和实物,只要属于劳动报酬性质并且现行统计制度未明确规定不统计为工资的都应作为工资统计;单位从个人工资中直接为其代扣代缴的养老统筹、失业保险、大病统筹、个人所得税、住房公积金等应计入工资统计;房改一次性补贴和按月发放的补贴,如果该项补贴为专款专用应不作为工资统计,如由职工自行支配则应作为工资总额统计。

2002 年,《国家统计局办公室关于印发 2002 年劳动统计年报新增指标解释及问题解答的通知》(国统办字〔2002〕20 号)规定,单位为职工缴纳的补充养老保险和补充医疗保险暂不做工资总额统计,储蓄性保险及其他各种商业性保险其性质为劳动报酬应计入工资统计;由单位给职工个人实报实销的职工个人家庭使用的固定电话话费、职工个人使用的手机费、职工个人购买的服装费(不包括工作服)等各种费用,其实质为岗位津贴或补贴,应计入工资统计;职工不休假补贴应计入工资统计;试行企业经营者年薪制的经营者,其工资正常发放部分和年终结算后补发的部分属劳动报酬性质,应计入工资统计。

2004 年,《国家统计局办公室关于印发 2004 年劳动统计年报新增指标解释及问题解答的通知》(国统办字〔2004〕48 号)规定,各单位发给本单位从业人员或在岗职工的讲课费均应统计为劳动报酬或工资总额。

2008 年,《国家统计局办公室关于印发 2008 年劳动统计年报新增指标解释及问题解答的通知》(国统办字〔2008〕 号)规定,单位发给职工的购物卡(如各类消费卡、加油卡、各类电话卡等)属于实物性质的劳动报酬,应计入工资总额;单位发给职工的各种股权激励暂不计入工资总额。

专栏　常见问题解答

1. **问:**“物业费”“取暖费”“交通补贴”“防暑降温费”是否应计入工资总额?

答:随着工资改革,物业费和取暖费等相关费用随职工个人工资发放,同时还有公车改革补贴随工资发放。按照《劳动工资统计报表制度》规定,公车改革补贴、物业费和取暖费均已计入工资总额统计。

具体到防暑降温费,需要看地方人社部门规定的具体标准,在标准之内的,属于保险福利费用性质,不应包含在工资总额内;超出规定标准的,就不属于福利性质而是报酬性质了,应该算在工资总额内。各地的具体标准请咨询当地的人社部门。

2. **问:**“补充养老保险、补充医疗保险及企业年金、职业年金等”是否计入工资总额统计?

答:根据《国家统计局办公室关于印发 2002 年劳动统计年报新增指标解释及问题解答的通知》(国统办字〔2002〕20 号)规定,单位为职工缴纳的补充养老保险和补充医疗保险暂不做工资总额统计,其他各种性质为劳动报酬的商业性保险应计入工资总额统计。“企业年金”“职业年金”属于补充养老保险,和基本养老保险的统计口径一样,所以,单位缴纳的部分不作为工资总额统计,但是个人扣缴的部分应计入工资总额。

3. **问:**“社保部门发放的工伤医疗补助金、伤残补助金或生育津贴等”是否计入工资总额统计?

答:根据《劳动工资统计报表制度》,由社保部门发放的工伤医疗补助金、伤残补助金不计入工资总额。女职工在休产假期间领取的生育津贴或由本单位发放的产假工资应计入工资总额统计。

4. **问:**“讲课费”是否计入工资总额统计?

答:根据《国家统计局办公室关于印发 2004 年劳动统计年报新增

指标解释及问题解答的通知》(国统办字〔2004〕48 号)规定,各单位发给本单位从业人员或在岗职工的讲课费均应统计为劳动报酬或工资总额。

需要指出的是,教师领取的课酬(即讲课费)是其完成本职工作所获得的由本单位发放的劳动报酬,在本质上属于个人的计时(或绩效)工资,因此应作为工资总额统计。而 1990 年《关于工资总额组成的规定》中不列入工资总额统计范围的"讲课费",是指本人由于在外单位讲课而获得的由外单位发放的报酬,或者某单位发放给不属于本单位从业人员的讲课费等。

5. **问:**"员工到异地工作发放的差旅补助或异地安置费等"是否计入工资总额统计?

答:根据《劳动统计报表制度》规定,工资总额是指本单位在报告期内直接支付给本单位全部从业人员的劳动报酬总额。单位员工到异地工作而发放的差旅补助或异地安置费等,是因异地工作而产生的费用,不纳入工资总额统计。

需要指出的是,单位按月发放并可由个人自由支配的住房补贴、电话补贴、伙食补贴等均应计入工资总额统计。

6. **问:**"休假工资"是否计入工资总额统计?

答:国家统计局《关于工资总额组成的规定》(1990 年国家统计局 1 号令)规定指出:工资总额是指各单位在一定时期内直接支付给本单位全部职工的劳动报酬总额。工资总额由下列六个部分组成:计时工资;计件工资;奖金;津贴和补贴;加班加点工资和特殊情况下支付的工资。其中"特殊情况下支付的工资"包含根据国家法律、法规和政策规定,因病、工伤、产假、计划生育假、婚丧假、事假、探亲假、定期休假、停工学习、执行国家或社会义务等原因按计时工资标准或计时工资标准的一定比例支付的工资。因此,休假期间单位发放的工资报酬应计入工资总额统计。

7. **问:**"股权激励""股票期权收入""入股分红"是否应计入工资

总额？

答：根据《劳动工资统计报表制度》规定，发放给本单位从业人员的各种股权激励、股票期权收入、入股分红等均不计入工资总额统计。

8. **问：**执业类资格证书补贴是否属于工资总额的一部分？

答：如果您的工作单位有关于执业资格证书的补贴规定，并按照相关规定给取得执业资格证书的员工发放相应补贴，则该费用属于“津贴和补贴”中的岗位津贴，应计入工资总额统计。

第四节　劳动工资数据产品及应用

一、主要数据产品

劳动工资的主要数据产品分为从业人员情况和工资情况两部分。从业人员期末人数为时点指标，从业人员平均人数和从业人员工资总额为时期指标。从业人员平均工资通过从业人员工资总额和从业人员平均人数计算得到。

从业人员期末人数，按照人员类型分为在岗职工期末人数、劳务派遣人员期末人数和其他从业人员期末人数；还可以按职业类型分为中层及以上管理人员、专业技术人员、办事人员和有关人员、社会生产服务和生活服务人员以及生产制造及有关人员。劳动工资统计相关数据在《中国统计摘要》《中国统计年鉴》《中国劳动统计年鉴》《中国人口和就业统计年鉴》等出版物上发布，同时在国家统计局数据库、微信、微博、手机客户端等互联网上发布。

二、社保、赔偿标准重要依据

劳动工资统计数据除了具有重要经济意义外，还是社保、赔偿标准等的重要依据，与群众个人利益息息相关。根据现有相关政策，核定职工基本养老保险缴费和计发基数，以及确定新就业形态就业人员职业伤害有关待遇计发标准、职工辞退补偿标准、最低工资标准、国家赔偿标准(每日赔偿金)、退役军人和其他优抚对象各项补助标准等五个标准均涉及到使用劳动工资统计的平均工资数据。

1. 核定职工基本养老保险缴费和计发基数上下限

根据《国务院办公厅关于印发降低社会保险费率综合方案的通知》(国办发〔2019〕13 号)规定,各省应以本省城镇非私营单位就业人员平均工资和城镇私营单位就业人员平均工资加权计算的全口径城镇单位就业人员平均工资,核定社保个人缴费基数上下限。

2. 确定新就业形态就业人员职业伤害有关待遇计发标准

报国务院批准的《人力资源社会保障部等十部门关于报请印发开展新就业形态就业人员职业伤害保障十点工作通知的请示》中,规定有关待遇计发需以“城镇私营单位就业人员平均工资”数据为依据。

3. 确定职工辞退补偿标准

《劳动合同法》规定,“劳动者月工资高于用人单位所在直辖市、设区的市级人民政府公布的本地区上年度职工月平均工资三倍的,向其支付经济赔偿的标准按职工月平均工资三倍的数额支付。”

4. 确定最低工资标准

《中华人民共和国劳动法》规定,“最低工资具体标准由省、自治区、直辖市人民政府规定,社会平均工资水平是确定和调整最低工资标准的参考因素之一”。

5. 确定国家赔偿标准(每日赔偿金)

《国家赔偿法》第三十三条规定,“侵犯公民人身自由的,每日赔偿金按照国家上年度职工日平均工资计算。目前在实际操作中,国家赔偿标准(每日赔偿金)按照全国城镇非私营单位就业人员平均工资确定。”

6. 确定退役军人和其他优抚对象各项补助标准

根据有关规定,目前残疾军人的抚恤金标准应当参照上年度全国城镇单位就业人员年平均工资水平确定。

三、劳动工资统计对国民经济核算的作用

国内生产总值（简称 GDP），是一个国家（或地区）所有常住单位在一定时期内生产活动的最终成果。GDP 是国民经济核算的核心指标，也是衡量一个国家或地区经济状况和发展水平的重要指标。在 GDP 和地区生产总值季度核算中，采用相关指标增速推算法，其中在核算部分非盈利性服务业行业时，采用的相关指标取自劳动工资统计的工资总额增速。因此劳动工资统计对于准确核算 GDP 以及地区生产总值具有重要作用。

附 录

附录 1

第七次全国人口普查短表

经国务院批准进行第七次全国人口普查	表　　号:R 6 0 1 表
人口普查的标准时点为 2020 年 11 月 1 日零时	制定机关:国　家　统　计　局
人口普查的原始资料不向任何单位和个人提供，	国务院人口普查办公室
仅供汇总使用	批准文号:国 发〔2019〕24 号
公民应履行如实申报普查项目的义务	有效期至:2 0 2 1 年 3 月

地址:_______省(区、市)_______市(地、州、盟)_______县(市、区、旗)_______乡(镇、街道)_______普查区_______普查小区_______户编号

一、住户项目

H1. 户别

1. 家庭户
2. 集体户

H2. 本户应登记人数

2020 年 10 月 31 日晚居住本户的人数_______人

户口在本户,2020 年 10 月 31 日晚未住本户的人数_______人

H3. 本户2019年11月1日至2020年10月31日期间的出生人口

男_______人 女_______人

H4. 本户2019年11月1日至2020年10月31日期间的死亡人口

男_______人 女_______人

H5. 住所类型

1. 普通住宅
2. 集体住所
3. 工作地住所
4. 其他住房
5. 无住房

(选择2—5的,跳至个人项目。)

H6. 本户现住房建筑面积

_______平方米

H7. 本户现住房间数

_______间

2、个人项目

每个人都填报的项目

D1. 姓名

____

D2. 与户主关系

0. 户主
1. 配偶
2. 子女
3. 父母
4. 岳父母或公婆
5. 祖父母
6. 媳婿
7. 孙子女
8. 兄弟姐妹
9. 其他

D3. 公民身份号码

□□□□□□□□□□□□□□□□□□

D4. 性别

1. 男
2. 女

D5. 出生年月

出生于：__________年__________月

D6. 民族

__________族

D7. 普查时点(2020 年 11 月 1 日零时)居住地

1. 本普查小区
2. 本村(居)委会其他普查小区
3. 本乡(镇、街道)其他村(居)委会

4. 本县(市、区、旗)其他乡(镇、街道)

5. 其他县(市、区、旗),请在下面填写地址

__________省(区、市)

__________市(地、州、盟)

__________县(市、区、旗)

6. 香港特别行政区、澳门特别行政区、台湾地区

7. 国外

D8. 户口登记地

1. 本村(居)委会
2. 本乡(镇、街道)其他村(居)委会
3. 本县(市、区、旗)其他乡(镇、街道)
4. 其他县(市、区、旗),请在下面填写地址

__________省(区、市)

__________市(地、州、盟)

__________县(市、区、旗)

5. 户口待定→D11

D9. 离开户口登记地时间

1. 没有离开户口登记地→D11
2. 不满半年
3. 半年以上,不满一年
4. 一年以上,不满二年
5. 二年以上,不满三年
6. 三年以上,不满四年
7. 四年以上,不满五年
8. 五年以上,不满十年
9. 十年以上

D10. 离开户口登记地原因

0. 工作就业
1. 学习培训
2. 随同离开/投亲靠友
3. 拆迁/搬家
4. 寄挂户口
5. 婚姻嫁娶
6. 照料孙子女
7. 为子女就学
8. 养老/康养
9. 其他

3 周岁及以上(2017 年 10 月 31 日以前出生)的人填报的项目

D11. 受教育程度

1. 未上过学
2. 学前教育
3. 小学
4. 初中
5. 高中
6. 大学专科
7. 大学本科
8. 硕士研究生
9. 博士研究生

15 周岁及以上(2005 年 10 月 31 日以前出生)的人填报的项目

D12. 是否识字

1. 是
2. 否

附录 2

第七次全国人口普查长表

经国务院批准进行第七次全国人口普查　　表　　号:R　6　0　2　表
人口普查的标准时点为 2020 年 11 月 1 日零时　　制定机关:国　家　统　计　局
人口普查的原始资料不向任何单位和个人提供，　　国务院人口普查办公室
仅供汇总使用　　批准文号:国 发〔2019〕24号
公民应履行如实申报普查项目的义务　　有效期至:2　0　2　1　年　3　月

地址:_______省(区、市)_______市(地、州、盟)_______县(市、区、旗)_______乡(镇、街道)_______普查区_______普查小区_______户编号

一、住户项目

H1. 户别

1. 家庭户
2. 集体户

H2. 本户应登记人数

2020 年 10 月 31 日晚居住本户的人数_______人

户口在本户，2020 年 10 月 31 日晚未住本户的人数_______人

H3. 本户 2019 年 11 月 1 日至 2020 年 10 月 31 日期间的出生人口

男_______人　女_______人

H4. 本户 2019 年 11 月 1 日至 2020 年 10 月 31 日期间的死亡人口

男______人 女______人

H5. 住所类型

1. 普通住宅
2. 集体住所
3. 工作地住所
4. 其他住房
5. 无住房

(选择 2—5 的，跳至个人项目。)

H6. 本户现住房建筑面积

______平方米

H7. 本户现住房间数

______间

H8. 住房所在建筑的总层数

1. 平房
2. 多层(7 层及以下)
3. 高层(8—33 层)
4. 超高层(34 层及以上)

H9. 承重类型

1. 钢及钢筋混凝土结构
2. 混合结构
3. 砖木结构
4. 竹草土坯结构
5. 其他结构

H10. 住房建成年代

1. 1949 年以前
2. 1949—1959 年
3. 1960—1969 年
4. 1970—1979 年
5. 1980—1989 年
6. 1990—1999 年
7. 2000—2009 年
8. 2010—2014 年
9. 2015 年以后

H11. 住房所在建筑有无电梯

1. 有
2. 无

H12. 主要炊事燃料

1. 燃气
2. 电
3. 煤炭
4. 柴草
5. 其他

H13. 住房内有无管道自来水

1. 有
2. 无

H14. 住房内有无厨房

1. 独立使用

2. 与其他户合用
3. 无

H15. 住房内有无厕所
1. 水冲式卫生厕所
2. 水冲式非卫生厕所
3. 卫生旱厕
4. 普通旱厕
5. 无

H16. 住房内有无洗澡设施
1. 统一供热水
2. 家庭自装热水器
3. 其他
4. 无

H17. 住房来源
1. 租赁廉租房/公租房
2. 租赁其他住房
3. 购买新建商品房
4. 购买二手房
5. 购买原公有住房
6. 购买经济适用房/两限房
7. 自建住房
8. 继承或赠予
9. 其他

(选择 3—9 的，跳至 H19。)

H18. 月租房费用

0. 200元以下
1. 200—499元
2. 500—999元
3. 1000—1999元
4. 2000—2999元
5. 3000—3999元
6. 4000—5999元
7. 6000—7999元
8. 8000—9999元
9. 10000元以上

H19. 拥有全部家用汽车的总价

1. 不满10万元
2. 10万元以上,不满20万元
3. 20万元以上,不满30万元
4. 30万元以上,不满50万元
5. 50万元以上,不满100万元
6. 100万元以上
7. 没有汽车

二、个人项目

每个人都填报的项目

C1. 姓名

____

C2. 与户主关系

0. 户主
1. 配偶
2. 子女
3. 父母
4. 岳父母或公婆
5. 祖父母
6. 媳婿
7. 孙子女
8. 兄弟姐妹
9. 其他

C3. 公民身份号码

□□□□□□□□□□□□□□□□□□

C4. 性别

1. 男
2. 女

C5. 出生年月

出生于：__________年__________月

C6. 民族

__________族

C7. 普查时点(2020 年 11 月 1 日零时)居住地

1. 本普查小区
2. 本村(居)委会其他普查小区
3. 本乡(镇、街道)其他村(居)委会

4. 本县(市、区、旗)其他乡(镇、街道)
5. 其他县(市、区、旗),请在下面填写地址
__________省(区、市)
__________市(地、州、盟)
__________县(市、区、旗)
6. 香港特别行政区、澳门特别行政区、台湾地区
7. 国外

C8. 户口登记地

1. 本村(居)委会
2. 本乡(镇、街道)其他村(居)委会
3. 本县(市、区、旗)其他乡(镇、街道)
4. 其他县(市、区、旗),请在下面填写地址
__________省(区、市)
__________市(地、州、盟)
__________县(市、区、旗)
5. 户口待定→C12

C9. 离开户口登记地时间

1. 没有离开户口登记地→C12
2. 不满半年
3. 半年以上,不满一年
4. 一年以上,不满二年
5. 二年以上,不满三年
6. 三年以上,不满四年
7. 四年以上,不满五年
8. 五年以上,不满十年
9. 十年以上

C10. 离开户口登记地原因

0. 工作就业
1. 学习培训
2. 随同离开/投亲靠友
3. 拆迁/搬家
4. 寄挂户口
5. 婚姻嫁娶
6. 照料孙子女
7. 为子女就学
8. 养老/康养
9. 其他

C11. 户口登记地类型

1. 乡
2. 镇的村委会
3. 镇的居委会
4. 街道

C12. 是否有农村土地承包经营权

1. 有
2. 无

C13. 出生地

1. 本县(市、区、旗)
2. 本省其他县(市、区、旗)
3. 省外:__________省(区、市)

5 周岁及以上(2015 年 10 月 31 日以前出生)的人填报的项目

C14. 五年前常住地

2015 年 11 月 1 日常住地：

1. 本县(市、区、旗)

2. 其他地区,请在下面填写地址

_______省(区、市)

_______市(地、州、盟)

_______县(市、区、旗)

3 周岁及以上(2017 年 10 月 31 日以前出生)的人填报的项目

C15. 受教育程度

1. 未上过学→C17
2. 学前教育→C17
3. 小学
4. 初中
5. 高中
6. 大学专科
7. 大学本科
8. 硕士研究生
9. 博士研究生

C16. 学业完成情况

1. 在校
2. 毕业
3. 肄业
4. 辍学
5. 其他

15 周岁及以上(2005 年 10 月 31 日以前出生)的人填报的项目

C17. 是否识字

1. 是

2. 否

C18. 工作情况

10 月 25—31 日是否为取得收入而工作了一小时以上(包括临时工、依托互联网平台灵活就业、家庭经营无酬帮工等)

1. 是,上周工作时间__________小时

2. 在职休假、在职学习培训、临时停工(保留工资)

3. 未做任何工作→C22

C19. 工作单位或生产经营活动所属类型

1. 企业、事业、机关或社会团体等法人单位

2. 个体经营户

3. 经营农村家庭承包地(家庭农林牧渔生产经营活动)

4. 自由职业/灵活就业

C20. 行业

单位详细名称:______________________________

主要产品或主要业务:______________________________

C21. 职业

本人从事的具体工作:______________________________→C23

C22. 未工作原因

1. 在校学习

2. 离退休

3. 料理家务

4. 丧失工作能力

5. 其他

C23. 主要生活来源

1. 劳动收入

2. 离退休金/养老金

3. 最低生活保障金

4. 失业保险金

5. 财产性收入

6. 家庭其他成员供养

7. 其他

C24. 婚姻状况

1. 未婚→C28

2. 有配偶

3. 离婚

4. 丧偶

C25. 初婚年月

__________年__________月

15 至 64 周岁(1955 年 11 月 1 日—2005 年 10 月 31 日出生)的妇女填报的项目

C26. 生育子女数

1. 未生育→C28

2. 有生育(请填报生育的子女数)

生过几个孩子:

男__________人

女__________人

其中现在存活几个孩子：

男__________人

女__________人

15 至 50 周岁(1969 年 11 月 1 日—2005 年 10 月 31 日出生)的妇女填报的项目

C27. 过去一年(2019 年 11 月 1 日—2020 年 10 月 31 日)的生育状况

1. 一年内未生育(结束)
2. 一年内有生育(请填报生育时间和孩子性别)

生育时间：

__________月

婴儿性别：

1. 男
2. 女

一年内生育两个以上孩子的，请填报第二个孩子的状况。

生育时间：

__________月

婴儿性别：

1. 男
2. 女

60 周岁及以上(1960 年 10 月 31 日以前出生)的人填报的项目

C28. 居住状况

1. 与配偶和子女同住

2. 与配偶同住

3. 与子女同住

4. 独居(有保姆)

5. 独居(无保姆)

6. 养老机构

7. 其他

C29. 身体健康状况

1. 健康

2. 基本健康

3. 不健康,但生活能自理

4. 不健康,生活不能自理

附录 3

第七次全国人口普查港澳台居民和外籍人员普查表

The Seventh National Population Census Form for Residents from Hong Kong, Macao, Taiwan and from Foreign Countries

中国政府决定进行第七次全国人口普查
人口普查标准时点为 2020 年 11 月 1 日零时
我们将对您在普查表中填写的信息给予
保密,敬请合作。
公民应履行如实申报普查项目的义务
The Government of China has decided to conduct the 7th National Population Census, with zerohour on 1 November 2020 as the reference time.
Information provided will be kept confidential.
Your cooperation is highly appreciated.

表 号:R 6 0 3 表
制定机关:国 家 统 计 局
国务院人口普查办公室
批准文号:国 发〔2019〕24号
有效期至:2 0 2 1 年 3 月
Form number:R603
Form issued by:National Bureau of Statistics
Office of the State Council for the Seventh National Population Census
Approval number:〔2019〕24
Valid until:March 2021

地址 Address:

________省(区、市)Province
________市(地、州、盟)City (prefecture)
________县(市、区、旗)County (city, district)
________乡(镇、街道)Town (township, street)
________普查区 Enumeration area (village/community committee)
________普查小区 Enumeration block
________户编号 Household number

一、住户项目

Household Information

F1. 户别

Type of household

1. 家庭户 Family household
2. 集体户 Collective household

F2. 住所类型

Type of dwelling

1. 普通住宅 Conventional dwellings
2. 集体住所 Collective living quarters
3. 工作地住所 Living in work places
4. 其他住房 Other dwellings
5. 无住房 With no dwellings

(选择 2—5 的,跳至个人项目。)

(If the answer is 2—5, then skip to 'Individual Information'.)

F3. 本户现住房建筑面积

Floor space for this household

________平方米 m^2

F4. 本户现住房间数

Number of rooms for this household

________间 rooms

二、个人项目

Individual Information

R1. 姓名 Full name

____

R2. 与户主关系

Relationship with head of household

0. 户主 Head of household
1. 配偶 Spouse
2. 子女 Son or daughter
3. 父母 Parent
4. 岳父母或公婆 Parent－in－law
5. 祖父母 Grandparent
6. 媳婿 Son－in－law or daughter－in－law
7. 孙子女 Grandchild
8. 兄弟姐妹 Brother or sister
9. 其他 Other relationship

R3. 性别

Sex

1. 男 Male
2. 女 Female

R4. 出生年月

Date of birth

出生于 Born in：__________年 year __________月 month

R5. 来内地(大陆)或来华目的

Purpose for stay in the mainland of China

1. 商务 Business
2. 就业 Work
3. 学习 Study
4. 定居 Residence
5. 探亲 Visiting relatives
6. 其他 Others

R6. 已在内地(大陆)或在华居住时间

Duration of stay in the mainland of China

1. 不满三个月 Less than 3 months
2. 三个月以上,不满半年 3 months to less than 6 months
3. 半年以上,不满一年 6 months to less than 12 months
4. 一年以上,不满二年 1 year to less than 2 years
5. 二年以上,不满五年 2 years to less than 5 years
6. 五年以上 5 years or more

R7. 受教育程度

3 周岁及以上(2017 年 10 月 31 日以前出生)的人填报

Educational attainment

For persons aged 3 and over(Born before 31st Oct. 2017)

1. 未上过学 No schooling
2. 学前教育 Pre-primary education
3. 小学 Primary education
4. 初中 Junior secondary education
5. 高中 Senior secondary education
6. 大学专科 College

7. 大学本科 University
8. 硕士研究生 Master
9. 博士研究生 Doctor

R8. 身份或国籍

Citizenship

1. 香港特别行政区居民 Hong Kong SAR resident
2. 澳门特别行政区居民 Macao SAR resident
3. 台湾地区居民 Taiwan resident
4. 外国人 Foreigner：国籍 Country ________（结束）（End）

15 周岁及以上(2005 年 10 月 31 日以前出生)港澳台居民填报的项目

For persons aged 15 and over (Born before 31st Oct. 2005) from Hong Kong, Macao and Taiwan

R9. 工作情况

10 月 25—31 日是否为取得收入而工作了一小时以上

1. 是
2. 在职休假、在职学习培训、临时停工(保留工资)
3. 未做任何工作→R12

R10. 行业

1. 农、林、牧、渔业
2. 采矿业
3. 制造业
4. 电力、热力、燃气及水生产和供应业
5. 建筑业
6. 批发和零售业

7. 交通运输、仓储和邮政业
8. 住宿和餐饮业
9. 信息传输、软件和信息技术服务业
10. 金融业
11. 房地产业
12. 租赁和商务服务业
13. 科学研究和技术服务业
14. 水利、环境和公共设施管理业
15. 居民服务、修理和其他服务业
16. 教育
17. 卫生和社会工作
18. 文化、体育和娱乐业
19. 公共管理、社会保障和社会组织
20. 国际组织

R11. 职业

1. 党的机关、国家机关、群众团体和社会组织、企事业单位负责人
2. 专业技术人员
3. 办事人员和有关人员
4. 社会生产服务和生活服务人员
5. 农、林、牧、渔业生产及辅助人员
6. 生产制造及有关人员
7. 不便分类的其他从业人员

R12. 婚姻状况

1. 未婚
2. 有配偶
3. 离婚
4. 丧偶

附录 4

第七次全国人口普查死亡人口调查表

（2019 年 11 月 1 日至 2020 年 10 月 31 日死亡的人口登记）

经国务院批准进行第七次全国人口普查	表　　号:R　6　0　4　表
人口普查的标准时点为 2020 年 11 月 1 日零时	制定机关:国　家　统　计　局
人口普查的原始资料不向任何单位和个人提供，仅供汇总使用	国务院人口普查办公室
公民应履行如实申报普查项目的义务	批准文号:国 发〔2019〕24号
	有效期至:2　0　2　1　年　3　月

地址:_______省(区、市)_______市(地、州、盟)_______县(市、区、旗)_______乡(镇、街道)_______普查区_______普查小区_______户编号

每个死亡人口都登记的项目

S1. 姓名

____

S2. 公民身份号码

□□□□□□□□□□□□□□□□□□

S3. 性别

1. 男
2. 女

S4. 出生年月

出生于:_________年_________月

S5. 死亡时间

死亡于：__________月

S6. 民族

__________族

死亡时满3周岁的人登记的项目

S7. 受教育程度

1. 未上过学
2. 学前教育
3. 小学
4. 初中
5. 高中
6. 大学专科
7. 大学本科
8. 硕士研究生
9. 博士研究生

死亡时满15周岁的人登记的项目

S8. 婚姻状况

1. 未婚
2. 有配偶
3. 离婚
4. 丧偶